宮　本　幸　平　著

非営利組織会計基準の統一

―― 会計基準統一化へのアプローチ ――

東　京　森　山　書　店　発　行

まえがき

わが国では，平成24年に発足した安倍内閣が，財政出動と金融緩和を積極的に展開し（いわゆるアベノミクス），消費税導入の影響が残るものの，デフレ脱却，雇用拡大と景気回復が進んでいる。ただし，財政出動，具体的には公共事業のための財源は，多くが公債などの借金で賄われており，わが国の財政赤字は，平成26年時点で1000兆円を超える。さらに国債残高は，対GDP比200%を超えて世界最悪の状況である。また，少子化による歳入の先細りと，高齢化による年金・福祉等支出の増加の傾向が年々顕著となることから，早急に対策を講じていく必要に迫られている。

そこで，国民へのサービスの質・量を減らすことなく歳出削減を達成するための方策として，政府から民間への業務委託の推進を挙げることができる。即ち，福祉・健康・教育・環境などの政府活動について，公益法人，社会福祉法人，NPO法人などの非営利組織に対しダイナミックに委譲していくべきと考える。すでに内閣府で実施されている，民間の資金や経営ノウハウを活用するPFI事業への取組が，当該方策のモデルとなるものである。非営利法人は政府に比べて競争的な経営環境に置かれていることから，相対的に低いコストで同等のサービスを提供する能力が期待できるのである。

そして，こうした社会的活動の体制が確立されるためには，非営利組織に対する潤沢な資金提供が必要条件となる。従前は，おもに監督官庁からの補助金によって原資がまかなわれていたが，今後は広く国民からの寄附を仰いでいく必要がある。そのため，資源維持の状態，用役提供努力および成果の情報，キャッシュフローの状況などにつき，適正な会計制度のもとで作成された財務諸表による説明責任が，新たに生じることになる。

ところが，現在（平成27年）におけるわが国の非営利組織会計制度では，公益法人，社会福祉法人会計，NPO法人，学校法人など，法人形態ごとに独自の会計基準が設定されている。そして，測定・表示・開示に関する規定がそれぞれで異なっている。このため，情報利用者である政府機関や寄附者が，これらを横断的に理解するのが困難な状況である。とりわけ寄附金収入の表示をめぐっては，理論および実務の面から様々な議論がある。実際に，会計基準によって表示に重要な相違が生じている。

そこで本研究は，社会厚生のための活動を主目的とする非営利組織の今日的な重要性に鑑み，あるべき統一的な財務諸表の表示基準を考察対象とし，とくに企業会計との表示統一化を目途に結論導出を図ろうとするものである。複数存在する会計基準に対し単独の専門的会計知識によって理解し対応するには，それが広く一般に認められた知識でなければならない。この点で，企業会計に係る制度・理論の専門知識は，今日において広く共有されるものであり，専門家並びに情報利用者が多数に及んでいる。そこで，企業会計の諸基準および理論を援用し，非営利組織会計の表示基準の統一化が達成できれば，一般に対する情報の横断的理解が促進されることになる。

筆者における日頃の研究活動は，京都大学制度派会計学ワークショップ，日本会計研究学会，非営利法人研究学会，および国際公会計学会を中心に進められている。

藤井秀樹京都大学教授には，京都大学で毎月開催されるワークショップをはじめ，学会，審議会などで公私にわたってご指導を仰いでいる。そして，非営利組織および政府の会計理論・制度について，深遠な啓示・教示を頂戴している。

徳賀芳弘京都大学教授には，社会科学研究の方法論について重要な示唆を頂いたほか，ワークショップでは，貴重なコメントと学術的知見を毎々賜っている。

非営利法人研究学会では，堀田和宏会長，江田寛理事，吉田忠彦近畿大学教授に，学会や研究委員会などで毎々ご指導を頂いている。また国際公会計学会では，石原俊彦学会長，亀井孝文前学会長から，ご指導を拝している。

先生方には，紙上にて大変不躾であるが，厚く御礼を申し上げたい。

本書の出版にあたっては，神戸学院大学経営学会より資金面で多大なご支援を頂いた。今野勤経営学部長，江頭寛昭教授（評議員）をはじめとする経営学部の先生方各位にも，改めて御礼を申し上げたい。

最後に，本書の出版を快諾頂いた，森山書店社長菅田直文氏をはじめ，社員の皆様に対して，こころより御礼を申し上げる。

2015年2月23日

宮　本　幸　平

目　　次

序章　研究の課題と方法

1. 研 究 の 課 題

本研究は，『非営利組織会計基準の統一－会計基準統一化へのアプローチ－』と題し，わが国における非営利組織会計の基準統一化に向けた，会計理論的考察と制度設計を行うものである。考察に際し本章では，今日のわが国の経済状況，およびそこでの非営利組織の社会的意義と会計制度の役割について述べる。そして，当該状況下において非営利組織会計の基準統一化を指向する意義を説明し，統一を図るために考察すべき課題を明らかにする。

1．1　今日の経済・社会状況と非営利組織会計の役割

1．1．1　今日のわが国の経済状況

わが国では，平成20年に起こったリーマン・ショックに端を発して円高傾向が続き，輸出減少が主な要因となって経済不況が続いた。これによって投資と消費の減少が常態化し，最も憂慮されるデフレ・スパイラルの状態に陥った。こうした事態を受けて，平成24年12月26日に発足した安倍晋三内閣は，大規模な財政出動と金融緩和を当初から積極的に展開した。いわゆる「アベノミクス」とよばれるこの政策は，財政出動による国民所得の増加，および日本銀行による金融緩和と円安誘導が基軸である。そして現在（平成27年）において，アベノミクスが功を奏し，デフレ脱却と景気回復の方向に日本経済が進ん

でいる。

ただし，財政政策における公共事業拡大のための財源は，多くが公債の発行によって賄われている。そのため，わが国の債務残高は平成26年4月時点で1200兆円を超え，対GDP比は200%を超えて世界最悪の状況である。安倍内閣は，かかる事態から脱却して財政の健全化を図るべく，平成26年4月に消費増税（税率5%から8%に増税）に踏み切った。しかし，少子化による歳入の減少と高齢化による年金・福祉に係る歳出の増加の傾向は年々顕著となっており，追加的な財政再建とりわけ歳出削減の方策を講じていく必要に迫られている。

1．1．2　非営利組織の社会的意義と非営利組織会計の役割

こうした財政状況のなかで，国民への提供サービスの質・量を減らすことなく歳出削減を達成するためには，民間への事業の委譲を進めていく必要がある。すでに内閣府によって実施されている，民間資金や経営能力の活用を推進するPFI事業が，こうした取組のモデルとなる。そして，民間の非営利団体である公益法人や社会福祉法人などに，福祉・健康・教育・環境などの公共活動を委託する方策を検討すべきである。これらの非営利法人は，政府に比べてより競争的な経済環境に置かれているため，相対的に低いコストによって同等のサービスを提供する能力が伏在している。

一般に民間の非営利団体は，「非営利組織」と称される場合が多い。ここに含まれるのは，公益社団・財団法人（以下，公益法人），社会福祉法人，およびNPO法人などの団体であり，公益性・公共性に関しては営利団体である企業よりも高いと考えられている。非営利組織の一つである公益法人において実施される代表的な事業を抜粋・列挙すると，以下のとおりである。

- 学術及び科学技術の振興を目的とする事業
- 文化および芸術の振興を目的とする事業
- 高齢者の福祉の増進を目的とする事業
- 勤労意欲のある者に対する勤労の支援を目的とする事業

・公衆衛生の向上を目的とする事業
・児童又は青少年の健全な育成を目的とする事業
・教育，スポーツ等を通じて国民の心身の健全な発達に寄与し，又は豊かな人間性を涵養することを目的とする事業

このような諸活動を社会に提供する非営利組織が，かりに企業と同様に利益追求を第一義とするならば，それは，施設・設備投資の抑制，人件費の削減などを実施することで達成が可能となる。しかし当該実施によって，提供サービスの劣化に帰着することは明らかである。即ち，「利益の追求→コスト削減→サービス劣化」というシナリオが現実化すれば，福祉・健康・教育・ボランティアなど，我々の社会生活の安寧に寄与する活動に対しマイナスの影響が及ぶことは避けられない[1]。

したがって，社会に対し“welfare”（幸福・福利・福祉など）を提供する組織体は，利益獲得を勘案することなく活動に従事すべきである。そして当該実践を可能とするには，国家による助成や寄付者による金銭的幇助が促進されるための法整備が必要となる。補助金・寄付金の合理的な配分や，法人税などの課税に関する特段の配慮などがこれにあたる。

他方，資金提供を受けた非営利組織においては，当該提供者に対して説明責任（accountability）を果たす義務がある。周知のとおり，営利団体である企業における諸活動の財源は，株主の出資金，債権者からの借入金，および稼得利益が主たる要素となる。株主に対しては，配当財源である利益がどの程度もたらされたかを報告・説明する義務があり，債権者に対しは，債務履行のための資金が確保されているか，また当期において当該資金が増加しているかを示さなければならない。これに対し非営利組織では，資金提供者である監督官庁や寄付者等に対して，正味財産の保全度合（拘束された資産が保全されているか），正味財産の増減（受取った財産がどのように増減したか，また維持されたか），資金繰り状況（年度収支が赤字でないか）などにつき，情報開示して説明する責任がある[2]。

そして，出資者への上記のような説明責任は，財務情報の適正な開示によって達成することができる。保全された正味財産の価額および当期増減額，年度収支を把握するための流入・流出資金の名目と金額などは，すべて会計処理によって測定され表示されるものである。この点において，非営利組織会計の制度設計に対する社会的必要性が見出され，新たな資金提供を受けるための情報開示が要請されるのである。

1．2　わが国の非営利組織会計制度

以上のように，出資者をはじめとする情報利用者に対し説明責任を全うする会計につき，わが国では，法人の特質に依拠して複数の会計制度が設定・施行されている。活動目的に基づく会計の分類は，図1に示すとおりである。このうち非営利組織の会計は，公益法人，社会福祉法人，学校法人，医療法人，宗教法人，NPO法人，中間法人などに分類される。

図1　会計単位の活動目的による会計の分類

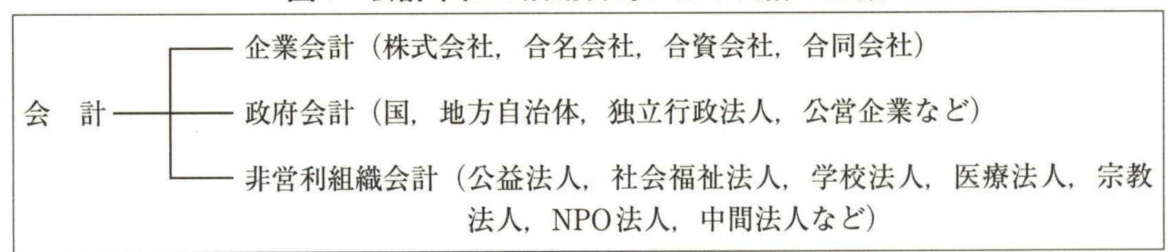

出所：藤井［2009］，141頁。

会計基準が設定されている非営利組織として，公益社団法人および財団法人（公益法人），学校法人，宗教法人，および社会福祉法人などが挙げられる。また，NPO法人の会計制度は，民間団体であるNPO法人会計基準審議会によって設定されている[3]。これらの法人の会計処理基準について，公益法人には「公益法人会計基準」，学校法人には「学校法人会計基準」，宗教法人には「宗教法人会計の指針」，社会福祉法人には「社会福祉法人会計基準」がある[4]。

「公益法人会計基準」は，昭和53年4月の実施から，昭和60年9月の改正を

経て，平成16年10月に全面改正が行われた。この改正基準は，平成18年4月1日以後開始する事業年度から実施されている。その後，新公益法人制度に対応するために，平成16年改正基準を土台に新たな公益法人会計基準が，平成20年4月に内閣府より公表されている[5]。

「社会福祉法人会計基準」は，昭和51年に設定された「社会福祉施設を経営する社会福祉法人の経理規程準則」によって運用が始まり，介護保険制度の開始に伴う「社会福祉法人会計基準」（平成12年）を経て，統一的な会計基準設定を目途に，平成23年に新たな社会福祉法人会計基準が制定された。即ち，平成12年に規制としての会計基準が一旦設定されたが，その後，社会福祉法人，NPO 法人，消費生活協同組合，農業協同組合などが設置主体となる「介護保険事業の施設・事業所」に対する状況把握のため「指定介護老人福祉施設等会計処理等取扱指導指針」が通知されるなど，複数の事業を運営する場合に，事業形態ごとの会計基準を適用するという問題が生じた。そこで，社会福祉法人の会計基準一元化を図るため，平成23年に新たな社会福祉法人会計基準が公表されている。

「NPO法人会計基準」につき，阪神・淡路大震災におけるボランティア活動の高まりを契機に特定非営利活動促進法が成立し，特定非営利活動法人（一般にNPO 法人）の設立が認定された。そのため会計規制として，平成11年の「NPO 法人会計の手引き」を経て，平成22年に「NPO 法人会計基準」が公表された。「NPO 法人会計の手引き」では，計算処理に一取引二仕訳を前提とするため組織に適用できないという意見が出たため，平成21年にNPO 法人会計基準協議会が発足し，そこでの公開議論などを通じて，平成22年に「NPO 法人会計基準」が公表された。この基準は，平成16年公益法人会計基準を基礎としつつその簡略化を図ったものとなっている。

「学校法人会計基準」は，昭和46年に文部省（現文部科学省）により制定され，私立学校の財政基盤の安定に資するもので，かつ補助金の配分の基礎となるものとして，実務に定着してきた。そして，社会・経済状況の変化，会計のグローバル化等を踏まえた様々な会計基準の改正，および私学を取り巻く経営環境の変化等を受け，会計基準の一部を改正する省令（平成25年4月22日文部科学省令第15号）が公布された（平成27年度以後の会計年度に係る会計処理及び計算書類の作成から適用）。

1．3　研究の課題

本研究は，以上で説明したように，法人形態ごとの基準が存在する非営利組織会計の現況に鑑み，これを統合しかつ企業会計との統一化を指向した表示基準を定立しようとするものである。そこで，①非営利組織会計の表示基準を統合する意義，②企業会計との統一化を指向する意義，および③「表示」の統一化が考察対象となる事由につき，本項で説明する。とくに，日本公認会計士協会非営利法人委員会研究報告第25号『非営利組織の会計枠組み構築に向けて』（以下，JICPA［2013］）では，非営利組織会計の基準統一化の意義について先行的に考察が進められているため，これを参酌しつつ，企業会計との表示統一化を指向する意義について説明する（本項において，JICPA［2013］の出典元については，文中のカッコ書きによって示す）。

1．3．1　非営利組織会計の表示基準を統合する意義

JICPA［2013］によれば，近年わが国では，政府の財政健全化への強い要請とともに，福祉・医療・教育などの分野への政策的な重点転換がみられ，非営利組織が担う役割に期待が寄せられている（1頁）。とくに，少子高齢化が急速に進展し，福祉・医療サービスの需要が急増するとともに，個人間の所得格差の拡大，生活困窮者に対する経済的，社会的支援も重要な課題となっている（2頁）。こうした変化の原因は，政府機関の財政面の制約が顕著となり，財政的支援と管理統括を前提としたサービス供給が困難となったことによるものである（3頁）。その結果，多くの公的サービスが民間に委託されるとともに，NPO法人など公的関与が少ない非営利組織にも，サービス提供の担い手としての期待が高まっている（3頁）。

このように社会的重要性が増す非営利組織は，成果の分配を目的としない団体であるため，将来の超過収益を源泉とする財務リターンを期待する資源提供

者は存在しない（24頁）。非営利組織の利害関係者としては，寄附者や政府機関（所管官庁）などが挙げられる（注2参照）。そして非営利組織の会計制度については，主たる資源提供者である所管官庁に提出される情報として，収支計算がこれまで重視されてきた。そのため，外部の利害関係者に対するディスクロージャーがこれまで重要視されなかった経緯がある[6]。しかし，上述のような社会環境の変化に起因し，今後は不特定多数の国民に対しても寄付金等の資金提供が求められることから，非営利組織会計の情報利用者として，これらの人々を想定していく必要がある[7]。

ところが，こうした状況下にもかかわらず，わが国の非営利組織会計は，法人形態ごとに適用される会計基準が異なっており，かつその設定主体も別々であるため，情報利用者がそれぞれの財務諸表を確認しようとしても，その横断的理解が難しいものとなっている（10頁）。とくに，異なる会計処理や表示が行われる場合には，非営利会計に関する理解可能性や比較可能性，さらに表現の忠実性に重大な問題が起こる可能性がある[8]。

かかる事態に及んだ淵源は，各会計基準が所轄官庁によって独占的に設定・改正されてきたこと，官庁が管理・監督する際の利便性が重視されて一般の情報利用者のニーズに応えることに主眼が置かれなかったことにある（10頁）。法人形態ごとに事業内容が異なり，政府補助金が主たる資金源であり，さらに民間の資金提供が限定的であることから，独自の会計基準設定に合理性が存在したものと斟酌される（10頁）。

しかし上述のとおり，非営利組織を取り巻く外部環境は，民間からの資源提供を不可避とするところまで変化している（10頁）。非営利組織への民間からの資源流入を促して自立した経営を達成するためには，資源提供者のニーズに応え得るように，法人形態を横断する会計基準の設定と施行が必要となる。そして統一的な財務諸表の表示により，情報利用者が法人形態にとらわれることなく資源提供の意思決定を行うことが可能となる。

1. 3. 2　非営利組織会計と企業会計の表示基準を統一する意義

それでは，非営利組織会計と企業会計とを統一することの意義とは何であろうか[9]。

アメリカやイギリスにおいては，非営利組織会計基準の設定主体が企業会計と同一である。当該団体では，企業会計基準に一定の修正又は追加を施すことによって，企業会計との整合性を取りつつ固有の特性を反映した会計基準が構築されている（ⅰ頁）。即ち，企業会計の基準を基礎としつつ，非営利組織の情報ニーズや固有の特性を反映したうえで，会計の規制が設定されるのである（14頁）。

アメリカの会計基準設定団体である財務会計基準審議会（Financial Accounting Standards Board；FASB）の概念書第4号（『非営利組織体の財務報告の基本目的』（1980），本項以下では当該引用につき文中にパラグラフ番号で示す）では，「いかなる特定種類の実体（例えば，非営利組織体または営利企業）についても独立した概念フレームワークを形成する必要はない」（par.1）のであり，「実体に対して目的適合性を有し，かつ一定の形態の実体にのみ適用されるような異なる報告の基本目的および諸概念のいずれについても適切な考慮を払うような，一つの統合された概念フレームワークを形成する」（par.1）ことを目標に掲げるべきと考えている。

また，非営利組織会計研究の第一人者であるR.N.Anthony（以下，アンソニー）は，株主持分に焦点を当てた企業会計の概念フレームワークとの脈絡を保ちながら非営利組織会計の規定を設定するのは容易でないとしながらも，もしこれが達成されれば，「非企業会計の諸概念は企業会計の諸概念と首尾一貫したものになる。」[10]と指摘する。つまり，株主持分概念を含意する企業会計のフレームワークとの同一性を維持しつつ，当該概念を含まないフレームワークが設定されれば，非営利組織会計と企業会計の諸概念が首尾一貫したものになるとアンソニーは考える。

そこで本研究では，非営利組織会計間の統合に加えて，企業会計との統一化という新たな目標が設定される。複数から統合された会計基準に対しこれを専門知識によって理解するには，それが広く一般に普及した知識でなければならない。そして，企業会計に係る制度・理論の専門知識は，今日において広く共有されるものであり，専門家並びに情報利用者が多数に及んでいる。したがって，ベンチマークとして企業会計の諸基準および理論を援用し，非営利組織会計との基準統一化が達成できれば，一般に対する情報の横断的理解が促進されるものと期待できる。

1. 3. 3 財務諸表の表示基準を考察対象とする意義

以上のように本研究は，わが国の非営利組織会計の基準統一化，ひいては企業会計との統一化の考察を目途とするものである。そして，統一化考察の焦点となるのは，財務諸表の「表示」（display）の基準である[11]。即ち，ストックおよびフローの財務諸表に表示される，区分・科目・ボトムラインにつき，非営利組織会計間の整合化，および企業会計との統一化を目指すものである。情報利用者の意思決定は，表示された会計情報に基づいて行われる。そこで表示基準が確立されれば[12]，認識・測定された勘定の価額が，当該表示箇所に誘導される。したがって，価額を計算するための認識・測定基準と切離して考察することが可能である。

この点につき，藤井［2007］によれば，表示問題に関する議論は必然的に認識・測定問題にも踏み込んだ議論をともなうことになる（藤井［2007］，156頁）。具体的には，国際会計基準審議会（International Accounting Standards Board；IASB）における包括利益一元化の議論で，業績の表示問題は，純利益を表示するか否かの問題を含んでおり，認識・測定問題にも踏み込んだ議論とならざるをえないことになる（同稿，142頁）。包括利益をボトムラインとするワンステートメントの表示基準の場合，純利益の諸要素の表示有無が認識・測定の基準に影響する。このことから，会計基準統一化の考察においては，表示に対する考察が重要なものとなる。

そこで本研究では，公益法人，社会福祉法人，NPO法人，学校法人など，営利活動を目的としない非営利組織の会計基準統一化につき，財務諸表の「表示」基準を考察対象とする。非営利組織会計では，法人形態ごとに独自の表示基準が設定され，情報利用者である政府機関や寄附者が，これらを横断的に理解するのが困難な状況となっている。このことが，本研究の第一義的な問題意識である。そこで，諸法人の財務諸表の表示統一化への志向を具現化した基準および様式が示されることにより，情報利用者による業績の横断的理解が期待できる。

2. 研究の方法

以上の説明から明らかなように，本研究は，社会科学領域を考察対象とするものである。即ち非営利組織の形態別に存在する現行の会計制度に対して，横断的に理解できる表示基準の定立を目的とする。そこで本節では，社会科学研究を進めるために援用され得る，二つの研究手段について説明する。一つは，社会的問題点を顕在化するため，テレオロギー（目的論的関連）の観点を援用するものである。もう一つは，目標仮説を検証のため，規範演繹的考察を援用するものである。本節では，各研究手段の内容について説明する。

2. 1　目的論的関連（テレオロギー）の観点に基づく問題提起

大塚久雄教授は，マックス・ヴェーバーによる社会科学研究の方法論について学究を進め，科学としての社会科学研究の方法を明らかにしている（本項で，大塚［1981］からの引用については，文中のカッコ書きによって出典頁を示す）。

大塚［1981］によれば，元来人間は自由な意思をもっており，その行動を合理的にとらえ，予測することは原理的には至難である（39頁）。そこにおいては，社会現象の因果関係はたどりにくく，成立しうるのは，人間が目的を設定し，そのための手段を選択しつつ行動するという目的論的関連（テレオロギー，目的－手段の関係）である（39頁）。したがって，自然科学のように現象の因果関連（原因－結果の関係）を追求することは，きわめて限られた範囲内においてのみ可能であり，これが社会科学の特性と考えることができる（40頁）。そこで，目的論的関連の追及は，原因－結果の関連を辿っていく因果関連の追求とは，相互に本質的な関わりあいを持ちながらも，それ自体は別のものと捉えるべきと考えられる（59頁）。社会現象のなかにいくら目的論的関連を追及しても，それだけでは，自然科学が科学であるという意味においては，社会科学に対する科学的認識は成り立たないのである（59頁）。

そこで大塚教授は，目的論的関連を含んで成立している社会現象に対し，因果性を使用した科学認識の成立を可能たらしめる方法として，「目的論的関連の因果関連への組み替え」を提示する。自然科学研究においては，普遍的に妥当する法則を追求するという認識方法によって得られた法則的知識を援用しながら，個性的な因果関連を明らかにしていこうとする（61頁）。これに対し社会科学では，自然科学のような外面的経験によって得られた規則性，法則的知識に加えて，「動機の意味理解」という手続をとることによって，因果関連の認識が成立可能となる（62頁）。人間の営みについては，どういった理由でそういう行動をするのか，その動機のもつ意味が把握可能であるため，それによって，経験的規則性によるよりも，原因－結果の連関をたどり，将来を予測することが可能となる場合がある（62頁）。したがって，動機の意味が理解された場合には，自然科学と同様，社会科学が科学的といえることになる（63頁）。さらに，人間の意志の自由が増大することは，人間が一層合理的に行動することを意味するため，主観がむしろ学問的に解明しやすいものとなり，因果関連は一層たどりやすくなる（63頁）。

したがって，目的論的関連を，人間諸個人を行動にまでうごかす一つの原因とみて，それを客観的な因果関連のなかに移しかえ，因果性の範疇を用いて社会現象を対象的にとらえていくことが，社会科学のあるべき方法と考えることができる（42頁）。

以上の大塚［1981］の論考を，本研究に引き寄せて言えば，会計の目的があらかじめ明らかにされ，これを達成する手段の一つとして財務諸表の表示情報が開示されることで，目的論的関連が成立する。そして，これを因果関連に昇華させるためにとられる「動機の意味理解」については，どういった理由でそういう目的を持ち手段を選ぶのか，その動機を明らかにすることで成立する。したがって，会計の目的と手段の関係を把握し，この関係が確立された内面の動機を明らかにすることができれば，科学性を具備した法則としての因果関連を導出することが可能となる。これによって，内面動機が反映された財務諸表の表示基準を措定することが可能となる。

そして，藤井秀樹教授の研究によれば，規定された諸概念，諸基準および監督機関を構成要素として社会に適用される会計制度において，目的論的関連の観点からの設計が有効な方法となりうる（本項以下において，藤井［2010］からの引用については，文中のカッコ書きによって出典頁を示す）。社会に対する人間諸個人の行動の本質は，「目的」を設定しこれを達成するための「手段」を選択することにあり，目的論的関連（目的－手段の関係）がそこに存在する（24頁）。そして社会において，かかる目的の設定は何らかの社会的な必要性に基づいて行われるため，制度設計においては，必要性の視点を提供する概念となり得る（24頁）。したがって当該概念を援用すれば，目的を達成するための制度（即ち「手段」）において含意されるべき社会的必要性が明らかにされ，当該未対応に起因して生じるまたは生じうる問題を提起することができる。そして，当該問題点を斟酌しつつ「手段」としての新たな制度設計が図られることになる。藤井教授の言葉を借りれば，制度設計は，各人間行為の目的（即ち必要性の内容を達成すること）に依存したものであることから，目的論的関連の観点による設計検討が可能となるのである[13]。

こうして，目的論的関連の観点により，目的を達成するうえでの社会的必要性の未充足点が問題提起され，手段としての財務諸表の表示基準の定立が図られる。また，かりに社会的必要性が，一般的なものとして広く認知されているのであれば，これが社会的・一般的な「動機」を含意するものと考えることができる。この場合には，定立された手段（ここでは表示基準）が，因果関連をもつものにまで昇華する可能性がある。

2．2　規範演繹的考察による目標仮説の検証

以上のように，目的論的関連の観点によれば，制度設計における問題提起を行うことができる。そして社会科学研究の次の段階においては，当該問題の考察と結論導出が行われる。この具体的な方法論については，徳賀芳弘教授の一

連の研究によって，指針が提示されている（本項以下において，徳賀［2012a］および［2012b］からの引用については，文中のカッコ書きによって出典頁を示す）。

徳賀［2012a］によれば，会計研究においては，問題点に対する「当為」（いかにあるべきか）と当該根拠の提示が重視され，これらの正当性を示すために目標仮説が設定される。そして，目標仮説から経験に頼らず特定の理論から演繹的な推論のみで論理的に必然的な結論に到達しようとする規範演繹的研究と，目標仮説と帰納的に観察された事実との乖離の大きさを指摘してその解決策を提示する規範帰納的研究の，いずれかによって必然的な結論（目標仮設が正しいか否か）が導出される（徳賀［2012b］，144頁）。規範演繹的研究では，精度が高い演繹的推論が要求され，規範帰納的研究では，事実の観察に対する科学性の具備が要件となる（徳賀［2012a］，1頁）。

そこで，本研究においていずれが選択されるべきかにつき説明する。研究の本義であり目標は，非営利組織会計における財務諸表の表示基準を企業会計と統一することにある。当該研究結論の導出には，会計の基礎理論，先行研究により構築された通説，国内外で既に規制・施行されている会計基準などを援用することができる。こうして，一般的・普遍的な前提を援用し，経験に頼らず個別的な結論（会計の普遍的な説明）に到達させようとするのが，演繹的考察である（徳賀［2012b］，161頁）。したがって本研究に対しては，特定の通説的理論を内包する諸規定から個別的結論を導出する「演繹的推論」によって，必然的結論に到達することが可能になると考えられる。

演繹的考察のプロセスにおいて設定される目標仮説は，その一部に当為を含んでおり，当為とその根拠を含んだものが「規範」である[14]。したがって，目標仮説には必ず当為が内包され，かつそこには根拠が存在するため（学術研究において根拠のない当為は設定すべきでない），仮説の根拠が正当であることを特定の理論から演繹的に推論することが，規範演繹的研究の眼目といえる[15]。そこで本研究では，目的論的関連の観点から提起された問題に対し，当為とその根拠を明らかにして目標仮説を設定し，規範演繹的考察によって当該仮説の検証を行うこととする。

3. 研究の構成

以上のように本研究では，法人形態ごとに異なる基準が規定される非営利組織会計の統一化において，目的論的関連の観点から財務諸表の表示における問題点が提起され，妥当な表示基準が目標仮説として示される。そして，規範演繹的考察によって目標仮説の検証が行われる。

全体の流れとして，まず非営利組織の各基準間の重要な相違点が明らかにされ，統一のためのアプローチ方法が設定される（第1章）。次に，統一的な表示基準を設定するうえで前提となる会計観（accounting view）が示される（第2章）。即ちこれが，収益費用アプローチ（業績測定優先）であるか，資産負債アプローチ（保有する経済的実質測定優先）であるかにつき考察する。そのうえで，統一化された非営利組織会計の表示基準が措定され（第3章），さらに，企業会計との統一化を指向した表示基準が示される（第4章）。また，政府会計に対しても，目的論的関連観点から表示基準に対する社会的必要性の抽出を行い，これに対する未充足に起因して生じる問題を提起し，目標仮説設定と当該検証が行われる（第5章）。最後に，4章で措定された統一的表示基準に対し，公益法人・社会福祉法人・NPO法人・学校法人の各表示基準との整合化が図られる（結章）。

第1章では，まず，法人形態の異なる各非営利組織の会計基準を統合する意義，および非営利組織会計基準を企業会計基準と統一化することの意義について説明する。次に，各非営利組織会計の表示基準，即ち財務諸表の様式を概観し，各々に内在する特質を整理したうえで，表示における重要な相違点を明らかにする。また，財務諸表間の連携構造の相違についても説明する。そのうえで，JICPA［2013］の研究成果を援用し，非営利組織会計と企業会計の表示基準の統一化に最も適合する，共通的な会計基準構築のためのアプローチ方法を措定する。

第2章では，FASBが規定した非営利組織会計基準の前提となる会計観が，資産負債アプローチと収益費用アプローチのいずれであるか，そしてわが国非営利組織会計の統一的表示基準を設定するさいにFASBの当該会計観の適用が妥当であるかを検証する。最初に，非営利組織会計をめぐるアンソニーとFASBの論争を取り上げ，当該論争の淵源が会計観の相違にあることを見出した藤井秀樹教授の論考について説明する。さらに，アンソニーが展開したFASBへの反論について分析し，とくに寄付金の収益性をめぐる彼の所説の妥当性を検証する。そのうえで，FASBが拠って立つ会計観を非営利組織会計に適用することが，基本目的を達成するために妥当であるかにつき考察する。

第3章では，資産負債アプローチを前提とした，財務諸表の表示基準の類型化を図り，複数の代替案を設定する。即ち，わが国における非営利組織会計，およびこれに影響を与えたアメリカの非営利組織会計の表示基準を参酌しながら，その類型化が図られる。そのうえで，当該代替案の利点と欠点を明らかにし，非営利組織会計の基本目的を達成するための手段として，いずれのタイプを選択すべきかにつき考察し，非営利組織会計の統一化を指向した表示基準を措定する。

第4章では，JICPA［2013］に基づき，まず，複数の基準が並立する非営利組織会計の企業会計との統一化の動機事項について説明する。次に，企業会計の概念フレームワークを基礎としつつ非営利組織会計固有の特性を反映させたFASB概念書第4号の規定を概観し，財務諸表の表示に係る企業会計との相違点を把握する。さらに，企業会計の諸概念から修正された部分のなかから，財務諸表の表示に係る内容を明らかにする。そして，非営利組織会計の基本目的を達成しかつ企業会計との統一化を指向した表示基準につき，企業会計の通説的理論および非営利組織会計の先行研究に基づく規範演繹的考察を行う。そして，統一的な表示基準が定立される。

第5章では，非営利組織の会計と別の制度・基準のもとで施行される政府機関の会計（本研究では政府会計とよぶ）に対し，目的論的関連観点により，当該表示基準に対する社会的必要性の抽出を行い，これに対する現行制度の未充足に起因して生じる問題を提起する。そして，当該問題点に対してこれが是正されうるような目標仮説を設定する。そのうえで，規範演繹的考察により目標仮説を検証し，政府会計の基本目的をみたす表示基準を導出する。

結章では，第4章で措定された，企業会計との統一化を指向した表示基準と，公益法人・社会福祉法人・NPO法人・学校法人の各会計表示基準との整

図2　本研究の構成（流れ）

(1章) 非営利組織会計と企業会計の統一的表示基準を構築するためのアプローチ方法を設定。

(2章) FASBが規定した非営利組織会計基準の前提となる会計観が，資産負債アプローチと収益費用アプローチのいずれであるか，そしてわが国非営利組織会計の統一的表示基準設定において当該会計観の適用が妥当であるかを検証。

(3章) 財務諸表の表示基準を類型化し、各々の利点・欠点を明らかにしたうえで，基本目的を達成する非営利組織会計の表示基準を措定。

(4章) 非営利組織会計の基本目的を達成する企業会計との統一的表示基準につき，目的論的関連観点による問題提起，および規範演繹的考察による目標仮説の検証により結論を導出。

(5章) 政府会計の基本目的を達成する企業会計との統一的表示基準につき，目的論的関連観点による問題提起，および規範演繹的考察による目標仮説の検証により結論を導出。

(結章) 4章で措定された統一的表示基準に対し，公益法人・社会福祉法人・NPO法人・学校法人の各会計表示基準と整合化。

合化を行う。そして，各法人形態に共有可能でかつ企業会計の知識により理解可能な表示基準が措定される。

以上のような本研究の全体構成（流れ）は，図2のようにまとめることができる。

注

[1] FASB［1980］は，非営利組織体の本質として，提供した資源の量に比例した見返りを期待しない資源提供者（たとえば寄附者や会員）から相当額の資源を受領すること，利益を得ること以外に財貨またはサービスを提供する目的があること，売却や譲渡等が可能な所有主請求権が存在しないこと，清算にさいして資源の残余分配を得る権利を伴った所有主請求権が存在しないことを挙げている（FASB［1980］，par.6）。

[2] FASB［1980］では，非営利組織会計の情報利用者が類型化される。提供情報にとくに関心を持つ集団として，資源提供者，用役利用者，統制・監督機関，および組織の管理者が挙げられる（FASB［1980］，par.29）。

[3] 尚，図1で分類された法人のうち，医療法人会計の基準は，平成26年に四病院団体協議会（一般社団法人日本病院会，公益社団法人日本精神科病院協会，一般社団法人日本医療法人協会および公益社団法人全日本病院協会）の会計基準策定小委員会による「医療法人会計基準に関する検討報告書」において，策定・公表されている。医療法人は，毎会計年度終了後2カ月以内に，事業報告書等（事業報告書，財産目録，貸借対照表，損益計算書その他厚生労働省令で定める書類）を作成する旨が示されている。厚生労働省医政局長発0319第7号「医療法人会計基準について」（平成26年3月19日）では，当該基準を，医療法第50条の2に規定される医療法人が準拠すべき「一般に公正妥当と認められる会計の慣行」を具体化するものの一つと位置付けている。

同じく図1で分類された中間法人は，中間法人法（平成13年法律第49号）に基づいて設立された，法人の構成員（社員）に共通する利益を図ることを目的とし，かつ，剰余金を社員に分配すること（営利）を目的としない法人である（第2条第1項第1号）。

[4] 本研究ではとくに，学術・芸術の振興，高齢者等の福祉増進，児童・青少年の健全な育成，教育・スポーツを通じた心身の健全な発達への寄与など，公共性の高い事業を実施する団体の会計制度を考察対象とする。したがって，公益法人会計基準，社会福祉法人会計基準，学校法人会計基準，およびNPO法人会計基準がその対象である。

[5] 平成26年時点で，内閣府公益認定等委員会に設置された「公益法人の会計に関する研究会」において，公益法人会計基準の改訂についての検討が行われている。同委員会が平成26年4月18日付で公表した『公益法人の会計に関する諸課題の検討状況について』では，小規模法人における会計処理の負担軽減策について，検討状況が中間報告としてまとめら

れている。

[6] また，非営利組織は利益を追求する主体ではないため，その会計も，企業会計が利益計算を主眼とするのとは異なり，収支計算を主眼とすべきであるともいわれてきた（川村［2005］，226頁）。

[7] 同上稿，226頁。

[8] 長谷川［2012］，111頁。IASBとFASBは，2006年に予備的見解『財務報告の目的と意思決定に有用な財務報告情報の質的特性』（FASB/IASB［2006］）を公表し，財務報告の目的と会計情報の質的特性に関して改訂を行った。ここでは，従来の概念フレームワークで主要な会計情報の質的特性であった「信頼性」（reliability）に代えて，「忠実な表現」（faithful representation）を基礎的な質的特性とすることを提案している。これらの詳細については，草野［2014］，141-142頁を参照。

[9] FASBは非営利組織と営利企業の類似点として，いずれも希少資源を利用して財貨またはサービスを生産して受益者に分配すること，いずれも外部から資源を調達し当該資源の受託者として資源提供者に会計責任を負っていること，いずれも基本目的を達成するのに必要な財貨またはサービスの生産活動を維持しなければならずそれに必要な資源を外部から継続的に調達しなければならないこと，を挙げている（FASB［1980］，par.14）。

[10] Anthony［1984］・佐藤訳［1989］，117頁。

[11] 非営利組織会計の方向性として，従前からの予算準拠を前提とした内部管理（ガバナンス）よりも，外部報告（ディスクロージャー）に重点が移されており，「計算書類」という用語が「財務諸表」という用語に置き換えられる傾向にある（川村［2005］，226頁）。

[12] ここで，「表示基準」と「表示様式」の違いについて触れておきたい。筆者の想定として，表示基準とは概念書や基準書において示された，表示に関する実定的な規定であり，表示様式とは，会計基準の規定から導出され，区分，構成要素となる科目，およびボトムラインを伴った具体的な表示内容を指す。

[13] 会計は，ある目的のもとに設計・構築されたシステムであり，その目的を達成するための手段として機能することが，つねに何らかの程度において期待されている（藤井［2007］，75頁）。

[14] 徳賀［2012a］，2頁。そしてこれと対をなすのが，現実の説明・分析を目的とする記述的考察である（徳賀［2012b］，161頁）。

[15] 目標仮説が妥当であれば，当為論拠の正当性が示されたことになるが，当該仮説に含まれる根拠には，普遍性および妥当性を内包しなければならない。この点は，徳賀［2012a］，2頁参照。

第1章　非営利組織会計の表示基準統一の方法

1. は　じ　め　に

序章で説明されたとおり，本研究の到達目標は，非営利組織の諸法人（本研究においては，公益法人，社会福祉法人，NPO法人，および学校法人の4法人）で別々の会計基準が設定されている現況において，非営利組織間の統一と，ひいては企業会計との統一化を指向した，財務諸表の表示基準を措定することにある。本章では，各法人間の会計基準の重要な相違点を明らかにしたうえで，統一的な表示基準を設定するための具体的なアプローチの方法を，先行研究に基づいて決定する。

現在わが国では，非営利組織の財務情報を外部に表示・開示する財務会計において[1]，法人形態ごとに独自の基準が設定されている。こうした状況に対し，平成25年に日本公認会計士協会（以下，JICPA）の非営利法人委員会が，非営利組織間の統一的な概念フレームワークおよび会計基準の構築に向けた考察を行い，その成果として研究報告第25号『非営利組織の会計枠組み構築に向けて』（以下，JICPA［2013］もしくはJICPA研究報告）を公表した[2]。このなかでは，一つの法人の会計の専門的知識に基づいて別の会計基準を理解・利用するのは困難であることが指摘される（第2節にて説明）。そして，単独の専門的会計知識によってすべての法人形態の財務諸表を理解できるようにすべきと考える。そこでJICPA［2013］では，共通的な会計基準を設定するための具体的なアプローチ方法として，3つの「共通的な会計枠組み構築のアプローチ」が提示されている（第5節にて説明）。

さらに本研究では，非営利組織会計と企業会計の表示基準の統一化という新たな考察点を提起する。即ち，複数の会計基準に対し，これを単独の専門的知識によって理解するには，当該知識が多くの情報利用者に理解可能なものでなければならない[3]。この点において，企業会計の専門知識を持った情報利用者が多数存在することに疑いの余地はない。企業における会計の理論，現行制度および実務は，非営利組織会計のそれよりも長きに渡る研究と実践によって培われたものである。現在では，経理担当者，公認会計士，投資機関従事者をはじめ，多数の会計専門家が社会に輩出されている。かかる理由により，非営利組織会計と企業会計の統一化を目途に掲げて考察していくことも有用と考えられる。単独の会計基準を設定する場合において，公益法人会計や社会福祉法人会計などのいずれかをベンチマークとして調整を図っていくよりも，専門家が多数存在する企業会計の理論・制度・実務を援用する方が，基準統一化が容易になると考えられる。こうして，非営利組織会計に対し，企業会計の専門知識による横断的理解が達成可能となる。

そこで本章では，まず第2節において，各非営利組織の会計基準の統一の意義，および非営利組織会計と企業会計の基準を統一することの意義について，序章に示された内容を敷衍する。次に第3節で，各非営利組織会計の表示基準，とくに財務諸表の様式を概観し[4]，各々の特質と，重要な相違点について明らかにする。そして第4節で，各非営利組織の財務諸表において伏在する，計算構造および連携構造の相違点について説明する。最後に第5節において，第3節で明らかにされた表示構造の相違，および第4節で明らかにされた連携計算構造の相違を勘案しながら，JICPA［2013］が示した3つの「共通的な会計枠組み構築のアプローチ」のうち，非営利組織会計と企業会計の表示基準の統一化に最も適合するアプローチを決定する[5]。

2. 非営利組織会計の基準統一化の意義

以上のとおり，本章の目的は，法人形態ごとに設定された財務諸表の表示基準の相違点を明らかにしたうえで，これらを調整しつつ統一化を図るためのアプローチ，具体的にはJICPA［2013］が示した3つのアプローチのうちいずれか一つを措定することにある。まず本節では，わが国における非営利組織への要請の変化について説明したうえで，非営利組織会計の表示基準を統一することの意義，および企業会計との統一化を指向することの意義について述べる（本節では，JICPA［2013］からの引用および参照については，本文中カッコ書きで頁のみを示す）。

2. 1　非営利組織会計基準統一化の意義

近年わが国では，政府の財政健全化への要請が高まり，これに呼応して福祉・医療・環境などの分野における非営利組織の活動に期待が寄せられている。そして，このような国の根幹をなす公共的サービスに対し，社会福祉法人・医療法人・NPO法人・学校法人など様々な非営利組織が重要な役割を果たしている（2頁）。こうした社会状況の変化は，少子高齢化に伴う政府機関の財政面の制約が顕在化し，財政的支援と管理統括を前提としたサービス供給が困難となったことに起因するものである（3頁）。

このように社会的重要性を増している非営利組織は，利益獲得と出資者への配当を目的としない組織であるため，将来の財務リターンを期待する資源提供者が存在しない（24頁）。また，主たる資源提供者である所管官庁に提出される情報として，収支計算がこれまで重視されており，外部の利害関係者に対するディスクロージャーの役割が重要視されて来なかった。しかしながら，今日のような社会環境の変化のなかで，不特定多数の国民に対して潜在的な寄付を求めていること，多くの国民・納税者によるガバナンス参加が求められていることから，公益法人会計の情報利用者として，資源提供者，債権者，受益者，従業員，ボランティア従事者，地域住民など幅広い層を想定する必要がある[6]。

かかる社会的状況に対し，わが国の非営利組織会計は，法人形態ごとに適用される会計基準が異なり，かつその設定主体も別々であるため，それぞれの財務諸表を確認しようとしても，その横断的理解が難しい事態となっている（10頁）。とりわけ外部の情報利用者にとっては，複数会計基準の専門的知識を有することに相当の困難が生じている（10頁）。こうした状況の背景には，所轄官庁によって独占的に会計基準が設定されてきたこと，官庁が管理・監督する際の利便性が重視されて一般の情報利用者のニーズに応えることに主眼が置かれなかったことなどの特殊事情が存在する（10頁）。即ち，法人形態ごとに事業内容が異なり，かつ政府補助金が主たる資金源であり民間の資金提供が限定的であることから，組織による独自の会計基準設定に合理性が存在したものと斟酌される（10頁）。

しかしながら，社会における非営利組織への期待の高まりを受け，民間からの資源提供が非営利組織の活動維持にとって不可避なものとなっている。そこで，資源流入を促して自立した経営を達成するためには，資源提供者のニーズに応え得るように，法人形態を横断する会計の枠組みを設定する必要がある（i頁）。即ち，統一的な財務諸表の表示基準が設定できれば，情報利用者が横断的に当該情報を利用でき，容易に資源提供の意思決定を行うことができる。

2. 2　非営利組織会計と企業会計の統一化の意義

次に，非営利組織会計と企業会計とを統一化することの意義について説明する。海外に目を転じると，アメリカおよびイギリスではわが国と対照的に，権威ある政府機関によって非営利組織の会計基準が設定されている。またここでは，非営利組織会計基準の設定主体が企業会計と同一である。即ち，非営利組織会計を専門的に取り扱う組織を別途に設置することで，ステークホルダーのニーズを調整・反映する体制が整えられている（i頁）。そして，企業会計基準に一定の修正・追加を施すことによって，企業会計との整合性を取りつつ固有の特性を反映した会計枠組みが構築されている。

アメリカにおいて，会計基準設定団体である財務会計基準審議会（Financial Accounting Standards Board；FASB）の概念書第4号『非営利組織体の財務報告の基本目的』（1980）では，実体に対して目的適合性を有し，かつ一定の形態の実体にのみ適用されるような異なる報告の基本目的および諸概念のいずれについても適切な考慮を払うような，一つの統合された概念フレームワークを形成することを目標に掲げるべきと考える（FASB［1980］，par.1）。そして，非営利組織の会計を「特別な取り扱いを必要とする領域」（FASB［1980］，par.1）としながらも，概念フレームワークの統合を図るために，企業会計との間の基本目的の差異につき考察すべきであると提言している（FASB［1980］，par.1）。即ちFASBは，非営利組織会計が企業会計に対し特別な取り扱いをすべき領域であると認識しつつ，可能な限り企業会計と統合された概念フレームワークおよび会計基準を設定すべきと考える。

また，非営利組織会計研究の第一人者であるR.N.Anthony（以下，アンソニー）は，株主持分に焦点を当てた企業会計の概念フレームワークとの脈絡を保ちながら非営利組織会計の規定を設定するのは容易でないとし，もしこれが達成されれば，非企業会計の諸概念は企業会計の諸概念と首尾一貫したものになると考える[7]。そしてアンソニーは，一期間において主体持分の維持に成功したか失敗したかが共通の焦点とも考える[8]。企業会計における払込資本と，非営利組織会計における寄附金等は，ともに組織の資本となる。そのため，同一化を考量した持分概念が設定されることにより，企業会計と非営利組織会計の諸概念の首尾一貫性が達成されることになる。

したがって，企業会計の諸概念・基準，とりわけ持分に対する概念・基準を基礎として，非営利組織のそれを設定することにより，企業会計の専門知識による情報の査定が可能になると考えられる。企業会計の制度・理論に関する専門知識は，今日において広く共有されるものであり，専門家並びに情報利用者が多数に及ぶことから，非営利組織会計がこれとの統一化を指向することによって，各会計基準の横断的理解が一層容易になるものと期待できる。

3. 各非営利法人会計の表示基準の相違点

以上により，法人形態ごとに存在する非営利組織会計の表示基準統一の意義，および非営利組織会計と企業会計の表示基準を統一する意義について説明された。それでは，各非営利組織会計の表示様式（表示基準から演繹的に導出された財務諸表の表示様式）には如何なる相違点が存在するであろうか。当該点が明らかにされれば，本来的に表示統一化を指向することが可能であるか，可能であるとすれば検証を要する対象は何であるかを把握することができる。そこで本節では，公益法人会計・社会福祉法人会計・NPO法人会計・学校法人会計における，活動業績の計算書（即ちフロー情報を表示する計算書，以下フロー計算書）および貸借対照表の表示基準の特質を明らかにし，その相違点をまとめる。

3. 1　フロー計算書の表示基準の特質

非営利組織会計における活動業績の計算書（フロー計算書）では，活動の結果として増減する資産および負債に対し，その原因と価額が表示される。即ち，経済的実質である資産および負債の当年度期末残高（ストック価額）が貸借対照表に計上され，期首価額を起点として当該期末価額に至った原因の増減額が，フロー計算書に表示される。そこで，公益法人，社会福祉法人，NPO法人および学校法人会計における当該計算書の表示基準の特質を見ていく。

3. 1. 1　公益法人（公益社団・財団法人）会計

「公益法人会計基準」は，昭和53年よりその運用が開始され，昭和60年9月の改正を経て，平成16年10月に全面改正が行われた（平成18年4月1日以後開始する事業年度から実施）。その後，当該改正基準を基盤とする新たな公益法人会計基準が，平成20年4月に内閣府より公表され，現在（平成27年時点）に至っている。そして，内閣府公益認定等委員会に設置された「公益法人の会計に関する研究会」において，公益法人会計基準の改訂についての検討が継続的に行われている。同委員会が平成26年4月18日付で公表した『公益法人の会計に関する諸課題の検討状況について』では，小規模法人における会計処理の負担軽減策について，検討状況が中間報告としてまとめられている。

公益法人会計基準で規定されるフロー計算書につき，公益法人会計基準・第3・1「正味財産増減計算書の内容」では，「正味財産増減計算書は，当該年度における正味財産のすべての増減内容を明りょうに表示するものでなければならない。」とされる。そして，第3・2「正味財産増減計算書の区分」において，「正味財産増減計算書は，一般正味財産増減の部及び指定正味財産増減の部に分かち，更に一般正味財産増減の部を経常増減の部及び経常外増減の部に区分する」と規定される。即ち，寄付者の意思によってその使途に制約を受けている資源のインフローを指定正味財産増減の部に区分表示することにより，寄付者の意思による使途の制約を受けていない資源フローが一般正味財産として表示される[9]。

そして，当該区分の内訳については，第3・3「正味財産増減計算書の構成」において，「一般正味財産増減の部は，経常収益及び経常費用を記載して当期経常増減額を表示し，これに経常外増減に属する項目を加減して当期一般正味財産増減額を表示するとともに，更にこれに一般正味財産期首残高を加算して一般正味財産期末残高を表示しなければならない。指定正味財産増減の部は，指定正味財産増減額を発生原因別に表示し，これに指定正味財産期首残高を加算して指定正味財産期末残高を表示しなければならない。」と規定される。

また，注解15においては，「指定正味財産の部から一般正味財産の部への振替」について規定されており，次に掲げる金額は，正味財産増減計算書における指定正味財産増減の部から一般正味財産増減の部に振替る旨が示されている(「一般正味財産への振替額」を指定正味財産の部に表示)。即ち，①指定正味財産に区分される寄付によって受け入れた資産について制約が解除された場合には当該資産の帳簿価額，②指定正味財産に区分される寄付によって受け入れた資産について減価償却を行った場合には当該減価償却費の額，③指定正味財産に区分される寄付によって受け入れた資産が災害等により消滅した場合には当該資産の帳簿価額である。そして，指定正味財産からの振替額は，経常収益又は経常外収益として記載される。

こうして，公益法人会計基準における正味財産増減計算書の表示区分は表1に示されるとおりである（本書29頁）。ここでは，寄附者や政府機関等の意思によって当該資産の使途に制約があるインフローを指定正味財産増減の部に誘導・表示し，それ以外と区分される様式となっている。

3. 1. 2　社会福祉法人会計

「社会福祉法人会計基準」は，昭和51年に設定された「社会福祉施設を経営する社会福祉法人の経理規程準則」によって運用が始まり，介護保険制度の開始に伴う「社会福祉法人会計基準」（平成12年）を経て，統一的な会計基準設定を目途に平成23年から新たな社会福祉法人会計基準が制定されている[10]。

社会福祉法人の活動業績を表示する事業活動計算書につき，基準では「当該会計年度における純資産のすべての増減内容を明りょうに表示するものでなければならない。」と規定され（第3・1），「サービス活動増減の部」，「サービス活動外増減の部」，「特別増減の部」及び「繰越活動増減差額の部」に4区分することが規定される（第3・3）。また，事業活動計算書では法人全体の情報が表示されるが，事業区分の情報は「事業活動内訳表」及び「事業区分事業活動内訳表」において表示し，拠点区分別の情報については，「拠点区分事業活動計算書」において表示するものとする（第3・5）。

こうして，社会福祉法人会計基準における事業活動計算書の表示区分は表1に示されるとおりである（本書29頁）。ここでは，法人のサービス活動の区分表示を第一義とし，さらに純資産の取崩額（基本金取崩額およびその他の積立金取崩額）が繰越活動増減差額の部において区分表示される様式となっている。

3. 1. 3　NPO法人会計

「NPO 法人会計基準」は，特定非営利活動促進法が成立して特定非営利活動法人（一般にNPO 法人）の設立が認められたのを契機に，まず「NPO 法人会計の手引き」（平成11年）が作成され，続いて平成22年に「NPO 法人会計基準」が公表されている[11]。

NPO法人会計基準・Ⅲ・9において,「活動計算書は, 当該事業年度に発生した収益, 費用及び損失を計上することにより, NPO法人のすべての正味財産の増減の状況を明瞭に表示し, NPO法人の活動の状況を表すものでなければならない。」と規定される。そして活動計算書の表示につき, 経常収益, 経常費用, 経常外収益及び経常外費用に区分される。

経常収益は, NPO法人の通常の活動から生じる収益で, 受取会費, 受取寄付金, 受取助成金等, 事業収益及びその他収益等に区分して表示する。経常費用は, NPO法人の通常の活動に要する費用で, 費用の性質を表わす形態別に把握し, 人件費とその他経費に区分して表示される。経常外収益は, NPO法人の通常の活動以外から生じる収益で, 固定資産売却益等の臨時利益又は過年度損益修正益等が該当する。経常外費用は, NPO法人の通常の活動以外から生じる費用又は損失で, 固定資産売却損等の臨時損失又は過年度損益修正損等が該当する。

また, 注解6において,「使途等が制約された寄付等で重要性が高い場合の取扱い」が規定される。ここでは, 活動計算書を一般正味財産増減の部および指定正味財産増減の部に区分すること, 寄付等により当期中に受入れた資産の額は活動計算書の指定正味財産増減の部に記載すること, 使途等が制約された資産について制約が解除された場合には当該解除部分に相当する額を指定正味財産増減の部から一般正味財産増減の部に振り替えること, 指定正味財産から一般正味財産への振替額の内訳は財務諸表に注記すること, が求められる。

こうして, NPO法人会計基準における活動計算書の表示区分は表1に示されるとおりである（本書29頁）。ここでは, 経常利益と経常外利益の二区分表示とされ, 他の基準と比べて簡略的であることから, 内部者による作成および外部者による利用を容易にすることを第一義にしたものと推察される。

3. 1. 4 学校法人会計

「学校法人会計基準」は, 昭和46年に文部省（現文部科学省）により制定され, 私立学校の財政基盤の安定に資するものでありかつ補助金の配分の基礎となるものとして, 実務に定着してきた。そして, 社会・経済状況の変化, 会計のグローバル化等を踏まえた様々な会計基準の改正，および私学を取り巻く経営環境の変化等を受け，会計基準の一部を改正する省令（平成25年4月22日文部科学省令第15号）が公布されている（平成27年度以後の会計年度に係る会計処理及び計算書類の作成から適用）。改正の主旨としては，①経常的および臨時的収支に区分しそれらの収支状況を把握できるようにすること，②基本金組入れ前の収支状況も表示すること，③貸借対照表について「基本金の部」と「消費収支差額の部」を合わせて「純資産の部」とすること，④固定資産の中科目として新たに「特定資産」を設けること，などが挙げられる。

そして会計基準・第15条において，事業活動収支計算の目的として，教育活動，教育活動以外の経常的な活動とそれ以外の活動に対応する事業活動収入及び事業活動支出の内容を明らかにするとともに，基本金組入額を控除した当該年度の諸活動に対応する全ての事業活動収入および事業活動支出の均衡の状態を明らかにするため，事業活動収支計算を行う旨が規定されている。

また第16条において，事業活動収入は，当該会計年度の学校法人の負債とならない収入を計算し，事業活動支出は，当該会計年度において消費する資産の取得原価及び当該会計年度における用役の対価に基づいて計算することが規定される。さらに，事業活動収支計算は，事業活動収入と事業活動支出を対照して行うとともに，当該収入から支出の額を控除し，その残高である基本金組入前当年度収支差額から基本金組入額を控除して行うことが規定されている。

こうして，学校法人会計基準における事業活動収支計算書の表示区分は表1に示されるとおりである。ここでは，改正（平成25年文部科学省令）において示される主旨のとおり，経常的および臨時的収支に区分表示され（教育活動収支・教育活動外収支・特別収支の三区分），基本金組入れ前の収支状況と当該組入額が表示される。

3. 1. 5　小括　―表示基準の特質と相違点―

表1は，以上で説明された，公益法人，社会福祉法人，NPO法人，および学校法人の各会計における，フロー計算書（活動業績の計算書）の表示区分，および当該区分の意義（即ちそのような区分における含意）について説明したもの

表1　活動業績の計算書の表示区分とその意義

法人形態 (計算書名)	表示区分	表示区分の意義
公益法人会計※ (正味財産増減計算書)	一般正味財産増減の部 　　経常増減の部 　　経常外増減の部 指定正味財産増減の部 　　　受取補助金等 　　　受取寄附金 　　　一般正味財産への振替額	・寄附者等の意思により当該資産の使途に制約があるものを指定正味財産とし，それ以外と区分する。 ・制約が解除された指定正味財産，指定正味財産の減価償却額，災害等により消滅した指定正味財産は，指定正味財産の部から一般正味財産の部に振り替え，振替額を正味財産増減計算書に記載。
社会福祉法人会計 (事業活動計算書)	サービス活動増減の部 サービス活動外増減の部 特別増減の部 繰越活動増減差額の部	・法人の事業活動（サービス活動）の表示を第一義とする。 ・純資産の取崩額（基本金取崩額およびその他の積立金取崩額）を区分表示する。
NPO法人会計 (活動計算書)	経常損益 経常外損益	・当該事業年度に発生した収益，費用及び損失を計上することにより，すべての正味財産の増減の状況を表示し，活動の状況を表す。 ・使途等が制約された寄付等で重要性が高い場合，当期中に受入れた資産の額は指定正味財産増減の部に記載し，制約が解除された場合には指定正味財産増減の部から一般正味財産増減の部に振り替える。
学校法人会計 (事業活動収支計算書)	教育活動収支 　　事業活動収入の部 　　事業活動支出の部 教育活動外収支 　　事業活動収入の部 　　事業活動支出の部 特別収支 　　事業活動収入の部 　　事業活動支出の部 基本金組入額 基本金取崩額	・教育活動に対応する事業活動収入及び支出の内容を明らかにする。 ・基本金組入れ前の収支状況を表示。 ・基本金に組み入れる額を控除した事業活動収入及び支出の均衡状態を明らかにする。

※公益法人会計において，一般社団・財団法人法第131条により基金を設けた場合には，大科目に「基金増減の部」が設定される。

である。

各法人の表示区分を概観すると，重要な相違点として，資本的項目（拘束的項目）と損益的項目に区分するタイプ（ここではタイプＡとよぶ）と，経常項目と特別項目に区分するタイプ（ここではタイプＢとよぶ）の2タイプに分かれる。公益法人会計の正味財産増減計算書はタイプＡに分類でき，一般正味財産増減の部と指定正味財産増減の部に区分される。これは，提供資金の拘束性の有無に基づく区分である。これに対し社会福祉法人会計および学校法人会計のフロー計算書はタイプＢに分類でき，経常増減額（さらに活動増減および活動外増減に区分）と特別増減額に区分される。またNPO法人は，経常損益と経常外損益（特別損益）に区分され，これは経常性の有無に基づく区分である。区分内の構成要素をみると，タイプＡの「資本的項目」とタイプＢの「特別項目」とが近似しており，またタイプＡの「損益的項目」とタイプＢの「経常項目」とが近似的である。ただし，タイプＢの特別項目に分類されている固定資産売却益や災害損失は資本的フローでなく損益的フローであり，全てが合致するのではない。あくまでタイプＡは，寄附者の意思（拘束の有無）に基づいて区分され，タイプＢは，経常性の有無により区分される。

また別の重要な表示の相違として着目すべき点は，学校法人会計のみ，「基本金組入額」および「基本金取崩額」が最上位科目として表示されることである。これに対して社会福祉法人会計では，「基本金組入額」が「特別増減の部」の内訳要素（中科目）であり，「基本金取崩額」は「繰越活動増減差額の部」の中科目として表示される。社会福祉法人会計では，基本金組入額が稼得利益と対応付けて控除されるのに対し，学校法人会計では，当期の活動増減額から基本金を控除する表示構造となっている。他方で，公益法人会計およびNPO法人会計では，基本金の組入・取崩額が，科目として表示されない。

さらに別の重要な表示の相違として着目すべき点は，公益法人会計において，指定正味財産に区分される寄付などによって受け入れた資産につき，制約が解除された場合や減価償却を計上する場合に，指定正味財産の部から一般正味財産の部に振り替えられる。即ち，拘束が解除された価額が一般正味財産増減の部に表示されることになる。また，NPO法人会計の規定においても，使途等が制約された寄附の制約が解除された場合に，当該部分に相当する額が指定正味財産増減の部から一般正味財産増減の部に振り替えられる。

以上より，各会計基準が規定した活動業績の計算書における表示の重要な相違点は，次の3点に要約することができる。

・資本的項目と損益的項目に区分するタイプ，および経常項目と特別項目に区分するタイプの2タイプに分かれる。

・社会福祉法人会計と学校法人会計では，基本金組入額・取崩額の表示位置が異なり，これに係る小計値・総計値の含意が異なる。また，公益法人会計およびNPO法人会計では，基本金の組入・取崩額が，項目として表示されない。

・公益法人会計およびNPO法人会計では，寄付によって受け入れた資産につき，制約が解除された場合などに，正味財産増減計算書の指定正味財産増減の部において，一般正味財産への振替額が表示される。

3. 2　貸借対照表の表示基準の特質

以上のように，非営利組織会計における活動業績の計算書（フロー計算書）では，実体科目である資産および負債の増減の理由・原因の価額が表示される。そして，これと連携する貸借対照表においては，実体科目の当該年度における増減価額が誘導され，前期までの残高に加算されて，年度末の残高として表示される。そこで，公益法人，社会福祉法人，NPO法人および学校法人の会計における，貸借対照表の表示基準の特質を見ていく。

3. 2. 1　公益法人（公益社団・財団法人）会計

公益法人会計の基準につき，第2.1「貸借対照表の内容」において，「貸借対照表は，当該事業年度末現在におけるすべての資産，負債及び正味財産の状態を明りょうに表示するものでなければならない。」と規定される。そして第2.2「貸借対照表の区分」において，「貸借対照表は，資産の部，負債の部及び正味財産の部に分かち，更に資産の部を流動資産及び固定資産に，負債の部を流動負債及び固定負債に，正味財産の部を指定正味財産及び一般正味財産に区分しなければならない。なお，正味財産の部には，指定正味財産及び一般正味財産のそれぞれについて，基本財産への充当額及び特定資産への充当額を内書きとして記載するものとする。」と規定される。

貸借対照表に表示される資産は，法的には物権・債権を具備し，会計の資産能力の観点からは換金性を持つ所有財産であり，流動資産と固定資産に区分される。そして固定資産の構成要素として，基本財産，特定資産，その他固定資産に区分表示される。基本財産とは，組織活動の維持・継続の基盤となるものであり，設立時の寄附行為・定款で基本財産と定めた土地・建物，および設立後に理事会で組入れることを決めた財産である。当該資産要件として，①元本が回収できること，②固定資産として常識的な運用益が得られる（もしくは使用価値を有する）こと，③投機的な性格を有するものでないこと，が挙げられる[12]。そして，表示の取消しには理事会，主務官庁などによる承認が必要となる。

基本財産と同一段で表示される特定資産は，一定の目的のために積み立てている預金や有価証券などが含まれる。例えば主要な構成科目である退職給付引当資産は，退職給付金を支払うためにストックされる特定預金のことをいう。したがって公益法人会計では，企業会計に見られる営業循環および1年基準に基づく流動・固定の2区分のみならず[13]，組織存立と活動継続の基盤となる資産を類別化するのが表示における特徴である[14]。投資有価証券や土地などを「基本財産」として特定化することで，情報利用者が，財政基盤の所有状況を把握することが可能となる。

以上のような規定に基づく，公益法人会計基準／貸借対照表の表示区分は表2（本書36頁）に示されるとおりである。ここでは，正味財産の部を指定正味財産と一般正味財産に区分し，指定正味財産の区分の中項目として，国庫補助金・地方公共団体補助金・民間補助金・寄附金・受贈投資有価証券などが表示される。また，指定正味財産及び一般正味財産それぞれにおいて，基本財産への充当額及び特定資産への充当額が内書きとして示される表示構造である。

3. 2. 2　社会福祉法人会計

次に，社会福祉法人会計基準について，第4「貸借対照表」では，「貸借対照表は，当該会計年度末現在におけるすべての資産，負債及び純資産の状態を明りょうに表示するものでなければならない。」とされ，「資産の部，負債の部及び純資産の部に分かち，更に資産の部を流動資産及び固定資産に，負債の部を流動負債及び固定負債に区分しなければならない。」と規定される。そして，資産の貸借対照表価額は，「原則として，当該資産の取得価額を基礎として計上しなければならない。受贈，交換によって取得した資産の取得価額は，その取得時における公正な評価額とする。」と規定される。

また，貸借対照表の純資産は，基本金，国庫補助金等特別積立金，その他の積立金および次期繰越活動増減差額に区分するものとされる。基本金には，社会福祉法人が事業開始等に当たって財源として受け取った寄附金の額を計上する。国庫補助金等特別積立金には，施設及び設備の整備のために国又は地方公共団体等から受領した補助金，助成金及び交付金等（国庫補助金等）の額を計上するものとする。その他の積立金には，将来の特定の目的の費用又は損失に備えるため，理事会の議決に基づき事業活動計算書の当期末繰越活動増減差額から積立金として積み立てた額を計上するものとする。

以上のような規定に基づく，社会福祉法人会計基準／貸借対照表の表示区分は表2に示されるとおりである（本書36頁）。純資産の部における最上位の表示項目として，基本金，国庫補助金等特別積立金，その他の積立金，および次期繰越活動増減差額に区分表示されるのが特徴である。

3. 2. 3　NPO法人会計

NPO法人会計基準では，基準Ⅲ・10において「貸借対照表は，当該事業年度末現在におけるすべての資産，負債及び正味財産の状態を明瞭に表示するものでなければならない。」とされる。

貸借対照表の表示科目について，「貸借対照表は，資産の部，負債の部及び正味財産の部に区分する。資産の部は流動資産及び固定資産に区分し，固定資産は，有形固定資産，無形固定資産及び投資その他の資産に区分する。負債の部は流動負債及び固定負債に区分する。」と規定される。また，「資産の貸借対照表価額は，原則として，当該資産の取得価額に基づき計上しなければならない。ただし，資産の時価が著しく下落したときは，回復の見込みがあると認められる場合を除き，時価をもって貸借対照表価額としなければならない。」と規定される。

また，注解6において，「使途等が制約された寄付等で重要性が高い場合の取扱い」が規定される。ここでは，貸借対照表の正味財産の部を指定正味財産及び一般正味財産に区分すること，使途等が制約された寄付等を受入れた場合には当該受入資産の額を貸借対照表の指定正味財産の部に記載すること，制約が解除された場合には当該価額を指定正味財産から一般正味財産へ振り替えること，が求められる。

以上の規定に基づく，NPO法人会計基準／貸借対照表の表示区分は表2に示されるとおりである（本書36頁）。資産の部は，流動資産および固定資産に区分され，固定資産は，有形固定資産・無形固定資産・投資その他の資産に区分される。負債の部は，流動負債及び固定負債に区分される。また正味財産の部は，使途等が制約された寄付等で重要性が高いものが存在する場合に指定正味財産および一般正味財産に区分され，当該価額が指定正味財産の部に表示される。

3. 2. 4　学校法人会計

学校法人会計基準において，貸借対照表の表示の特質は，資産の部が固定配列であり，固定資産の部に「特定資産」（基本金引当特定資産）が表示される点である。また，純資産の部は，「基本金」（第1号から第4号），および「繰越収支差額」（翌年度繰越収支差額）が表示される。

基本金とは，教育研究活動に必要な資産のうち，継続的・計画的に維持すべき資産の額を帰属収入から組入れた金額である。第1号は「校地，校舎，機器備品，図書などの固定資産の取得価額」，第2号は「将来固定資産を取得する目的で積み立てた預金などの価額」，第3号は「奨学基金，研究基金などの資産の額」，第4号は「運転資金の額（文部科学大臣の定める額）」である。第2号基本金について，対応する資産は「第2号基本金引当特定資産」として表示される。また，第3号基本金については，対応する運用収入を事業活動収支計算書の「第3号基本金引当特定資産運用収入」として表示される[15]。

以上の規定に基づく，学校法人会計基準／貸借対照表の表示区分は表2に示されるとおりである。資産の部が固定配列で，固定資産の部に「特定資産」（基本金引当特定資産）が表示されること，純資産の部において4区分された基本金（第1号から第4号）が表示されることが特徴である。

3. 2. 5 小括 ―表示基準の特質と相違点―

表2は，公益法人，社会福祉法人，NPO法人，および学校法人の各会計基準で規定された，貸借対照表の表示区分および当該区分の意義（即ちそのような区分における含意）について説明したものである。

各会計の表示基準の比較から明らかとなる特質相違の第一点目は，学校法人会計／貸借対照表／純資産の部の表示要素において，基本金（第1号～第4号に分類）を主たる表示項目とすることである。学校法人に対する社会的要請として，長期的に教育研究活動を行うため校地・校舎等の基本財産の健全維持が挙げられ，当該財源の維持価額として表示される基本金が，最重要の表示要素であることに起因する基準といえる。社会福祉法人会計／貸借対照表／純資産の部においても，事業開始時に受け取った寄附金である基本金が表示要素となるが，これと比べて学校法人会計では，表示をさらに4区分することによって，一層明確に，基本金の維持状況の把握が強化される。

次に二つ目の特質相違点は，公益法人会計／貸借対照表／正味財産の部において，その使途に制約が課されている受取資産を指定正味財産とし，それ以外を一般正味財産として，二大区分表示することである。施設・設備に対する寄附金・補助金など，資金提供者が使途を拘束する資本的インフローの総残高が，最上位科目の指定正味財産である。そして，その下位に，国庫補助金・地方公共団体補助金・寄附金などが表示される。

そして三つ目の特質相違点は，拘束性のある寄附金・補助金収入に係る表示の構造である。公益法人会計／貸借対照表／正味財産の部に表示される補助

表2　貸借対照表の表示区分とその意義

法人形態	表示区分	表示区分の意義
公益法人会計※	資産の部 　流動資産 　固定資産 　　基本財産 　　特定資産 　　その他固定資産 負債の部 　流動負債 　固定負債 正味財産の部 　指定正味財産 　　補助金 　　寄附金 　　受贈投資有価証券 　（うち基本財産への充当額） 　（うち特定資産への充当額） 　一般正味財産 　（うち基本財産への充当額） 　（うち特定資産への充当額）	・正味財産の部を指定正味財産及び一般正味財産に区分。 ・指定正味財産において，中項目として国庫補助金・地方公共団体補助金・民間補助金・寄附金・受贈投資有価証券などが表示される。 ・指定正味財産及び一般正味財産のそれぞれについて，基本財産への充当額及び特定資産への充当額を内書きとして記載する。
社会福祉法人会計	資産の部 　流動資産 　固定資産 　　基本財産 　　その他の固定資産 負債の部 　流動負債 　固定負債 純資産の部 　基本金 　国庫補助金等特別積立金 　その他の積立金 　次期繰越活動増減差額	・純資産は，基本金，国庫補助金等特別積立金，その他の積立金及び次期繰越活動増減差額に区分する。
NPO法人会計	資産の部 　流動資産 　固定資産 負債の部 　流動負債 　固定負債 正味財産の部	・資産の部，負債の部及び正味財産の部に区分する。資産の部は流動資産及び固定資産に区分し，固定資産は，有形固定資産，無形固定資産及び投資その他の資産に区分する。負債の部は流動負債及び固定負債に区分する。

法人形態	表示区分	表示区分の意義
学校法人会計	資産の部 固定資産 有形固定資産 特定資産 その他の固定資産 流動資産 負債の部 固定負債 流動負債 純資産の部 基本金 繰越収支差額	・資産の部が固定配列で，固定資産の部に「特定資産」（基本金引当特定資産）が表示される。 ・純資産の部は，「基本金」（第1号から第4号），および「繰越収支差額」（翌年度繰越収支差額）が表示される。

※公益法人会計において，一般社団・財団法人法第131条により基金を設けた場合には，正味財産の部に，「基金」が設定される（指定正味財産・一般正味財産と同じ段）。

金・寄附金は，フロー計算書（正味財産増減計算書）においても表示される。つまり，実体としての資産（受け取った現預金や寄贈された資産）に対する名目科目（資産変動の原因を示す科目）がフロー計算書において表示され，さらには，貸借対照表／正味財産の部にも同科目・同額が表示される。ここでは，フロー計算書において組入額が表示されないため，2つの計算書において二重に価額が計上される。これに対し社会福祉法人会計では，フロー計算書（事業活動計算書）において「設備等補助金収入」が計上・表示され，同額が貸借対照表／純資産の部の「国庫補助金等特別積立金」に加算・計上される。但し，フロー計算書において，貸借対照表／純資産の部への組入科目が表示される。また学校法人会計では，フロー計算書（事業活動収支計算書）において控除された基本金組入価額，およびボトムラインでる翌年度繰越収支差額が，貸借対照表／純資産の部に振替えられる。ここでは，特別収支の部においてではなく，ボトムラインである「基本金組入前当年度収支差額」の次段に「基本金組入額」が表示され，これが貸借対照表／純資産の部に振替えられる。

以上より，各会計基準が規定した貸借対照表の表示における重要な相違点として，次の三点に要約することができる。

・純資産の部において，学校法人会計では基本金が4区分で表示される。

・純資産の部において，公益法人会計では使途制限の有無によって2区分（指定正味財産と一般正味財産）で表示される。

・拘束性のある寄附金・補助金収入につき，公益法人会計では，正味財産増減計算書において振替されない科目が貸借対照表に表示される。

4. 表示基準における相違点の調整

以上により，公益法人，社会福祉法人，NPO法人，学校法人会計における，活動業績の計算書（フロー計算書）および貸借対照表の表示基準の特質が示され，表示区分と内訳科目の相違点が明らかにされた。

それらを総括すると，重要な表示の相違の第一点目は，活動の業績を表示するフロー計算書の区分につき，資本的（拘束的）項目と損益的項目に区分するタイプと，経常項目と特別項目に区分するタイプの2タイプに峻別されることである。第二点目は，フロー計算書の内訳項目である基本金組入額・取崩額の表示位置が異なり，これに係る小計値・総計値の含意が異なることである。第三点目は，貸借対照表／純資産の部において，学校法人会計では基本金が詳細区分（4区分）で表示され，公益法人会計では使途制限の有無によって2区分されるなど，純資産の部の表示様式が法人ごとに異なることである。また，公益法人会計では，制約が解除された指定正味財産が一般正味財産に振り替えられ，正味財産増減計算書において振替科目が表示される。そして第四点目は，寄附金・補助金収入に係る表示の構造について，公益法人会計では，フロー計算書において貸借対照表／正味財産の部への組入科目の表示を行わないことである。

こうして，複数の重要な表示基準の相違点が存在するために，たとえ項目名を同一化させたとしても，表示の統一化は達成されない。表示区分の相違，振替科目の表示位置の相違，振替科目表示の有無により，小計やボトムラインの価額の含意が異なるものとなるからである。そこで本節では，上掲の四点の相違点を分析したうえで，表示統一のために調整されるべき点を明らかにする。

4. 1 フロー計算書における大区分の相違

前節（3.1）で示されたとおり，重要な表示の相違の一つは，フロー計算書の区分につき，資本的科目と損益的科目に区分するタイプ，および経常科目と特別科目に区分するタイプの2タイプに峻別されることである。ここでは，一般正味財産増減と経常・経常外収支，指定正味財産増減と特別収支の会計的特質が近似している。即ち，一般正味財産増減は拘束性のあるフロー以外のフローであり，特別収支以外のフローと構成が類似している。

しかし，社会福祉法人会計において，特別増減の部に表示される固定資産産売却益や災害損失などは，経常フローではないが，資本的フローでもない。当該区分においては他に，施設設備等寄附金収益・補助金収益などの資本的フローも表示される。即ち，社会福祉法人会計／事業活動計算書／特別増減の部では，資本的フローと損益的フローが混在して表示される。

したがって，公益法人会計のフロー計算書において表示される資本的フロー／損益的フローの区分と，社会福祉法人会計および学校法人会計のフロー計算書において表示される経常フロー／特別フローの区分において，構成要素が近似的であるものの，特別フローでかつ損益的フローであるものが存在する。このため，いずれかに表示基準を統一すること，即ち拘束性のないフロー区分として一般正味財産増減と経常・経常外収支を統合し，指定正味財産増減と特別収支を統合することは，困難であると判断される。

4. 2 基本金組入額・取崩額の表示位置の相違

次に，前節（第3節）において示された表示の重要な相違点として，フロー計算書における基本金組入額の表示位置の相違を挙げることができる。社会福祉法人会計においては，当期活動の稼得収益と対応させて基本金組入額を設定・表示するのに対し，学校法人会計では，当期収支差額から基本金組入額を差し引く表示基準となっている。そしてこの2つにおいては，表示される小計の含意に相違が存在することになる。また，公益法人会計やNPO法人会計では，貸借対照表／純資産の部への組入額や取崩額は表示科目に設定されていない。

以上のことをさらに詳しく見ると，社会福祉法人会計の事業活動計算書においては，ボトムラインである次期繰越活動増減差額が，「当期活動増減差額＋前期繰越活動増減差額」によって計算される。そして，基本金組入額は，特別増減の部／費用の区分において表示される。当該価額は，貸借対照表／純資産の部において表示される基本金と連携する（図1）。

図1　社会福祉法人会計／事業活動計算書における基本金組入額の表示位置

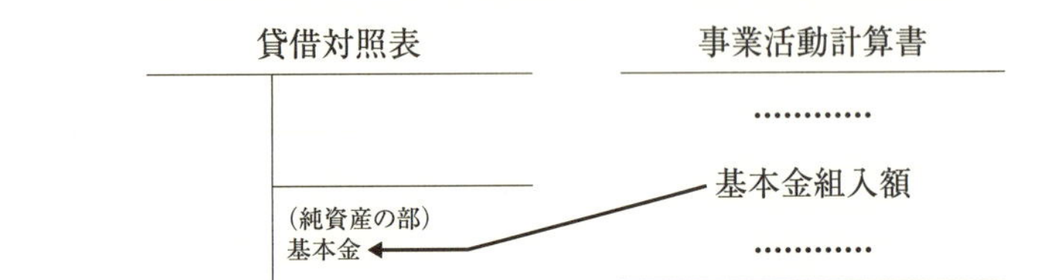

以上のような連携構造をとる，基本金組入の計算処理は次のとおりである。

（借）	現　　　　金 （貸借対照表）	1,000	（貸）	施設整備等寄附金収益 （特別増減の部・収益）	1,000
（借）	基本金組入額 （特別増減の部・費用）	1,000	（貸）	基　　本　　金 （貸借対照表／純資産の部）	1,000

仕訳にように，寄附金を受けた場合には，「施設整備等寄附金収益」として特別増減の部に収益が計上される。この価額は，長期にわたり組織に存続するものであり，資本的フローに該当する。したがって，こうしたインフローをストックに振替るために，特別増減の部に「基本金組入額」が設定され，同時に

貸借対照表／純資産の部において，基本金に加算される。

これに対し，学校法人会計の事業活動収支計算書においては，「基本金繰入前当年度収支差額」（教育活動収支差額＋教育活動外収支差額＋特別収支差額）から「基本金組入額」を差し引いて「当年度収支差額」を計算し，これに「前年度繰越収支差額」を加えて「翌年度繰越収支差額」が算出される。そして，貸借対照表／純資産の部において表示される「基本金」と連携する（図2)。

図2　学校法人会計／事業活動収支計算書における基本金組入額の表示位置

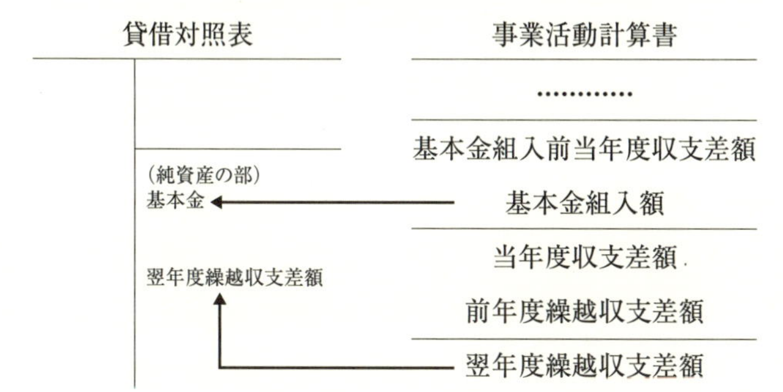

以上のような連携構造をとる，基本金組入の計算処理は次のとおりであり，これは，決算における貸借対照表／純資産の部への振替である。

（借）　基本金組入額　1,000　　　　（貸）　基　本　金　1,000
　　　（事業活動収支計算書）　　　　　　　（貸借対照表／純資産の部）

以上に説明された表示構造を比べると，社会福祉法人会計では，基本金組入額が，当期活動の費用とされている。即ち，基本金の組入を前提として年度の活動が行われるものと解することができ，「努力」に擬制される基本金組入と「成果」としての当期の収益が対応することになる。これに対し学校法人会計は，基本金を当期年度収支差額から控除する。活動の収支差額として計算された価額が積極的数値であれば，名目資本が維持できたことになり，この一部が基本金に組入れられる。

この点につき，改正以前の学校法人会計では，当期収益にあたる「帰属収入」から「基本金組入額」を差し引いて「消費収入」を算出し，これから，純資産の減少となる「消費支出」を差し引いて，ボトムラインである「消費収入（支出）超過額」を計算・表示していた。これは，将来の設備投資に必要な原資の確保を目的としたものである[16]。そして，社会福祉法人会計は，こうした旧学校法人会計基準と同様の表示基準になっている。

そして，以上の2つの基準においては，当期活動の収支差額（ボトムライン）の含意が異なってくる。即ち，社会福祉法人会計における「当期活動増減差額」と学校法人会計における「基本金組入前当年度収支差額」について，前者では基本金組入額が差し引かれているため，すでに当該価額が純資産として確保されている。このような相違点の存在により，区分や科目名称の変更のみでは，表示様式を統一することはできないことが明らかである。

4．3　貸借対照表／純資産の部の表示基準の相違

前節において明らかにされた，財務諸表の表示基準の重要な相違点として，貸借対照表／純資産の部における表示科目の相違を挙げることができる。公益法人会計／正味財産の部の表示科目は，指定正味財産および一般正味財産が最上位であり，中科目として補助金や寄附金などが表示される。これに対し社会福祉法人会計では，基本金，国庫補助金，その他の積立金が，すべて最上位科目として表示される。また，学校法人会計は，最上位の表示科目が基本金（内訳として第1～第4号を表示）および繰越収支差額であり，フロー計算書において控除された基本金組入額およびボトムラインである翌年度繰越収支差額が，純資産の部に振替・表示される。そしてNPO法人会計は，フロー計算書のボトムラインである当期正味財産増減額が，貸借対照表に振替られる。

各純資産の部を概観すると，フロー計算書の区分小計が，そのまま連携しているのが，公益法人会計とNPO法人会計である。社会福祉法人会計と学校法

人会計は，フロー計算書の内訳科目である基本金組入額や国庫補助金等特別積立金積立額によって振替られた科目が，貸借対照表／純資産の部に表示される。フロー計算書における最上位区分の小計がそのまま連携する構造であれば，拘束性による区分か，もしくは経常性による区分かの選択が必要になる。しかし，純資産の部の科目が基本的には拘束性の有無によって区分されるため，調整は困難とならない。なぜなら各法人基準の純資産の部の表示構成は，資本的区分と損益的区分の2区分になっているからである。

ただし，公益法人会計およびNPO法人会計では，指定正味財産に区分される寄付によって受け入れた資産につき制約が解除された場合に，一般正味財産に振り替えられる。貸借対照表／正味財産の部（純資産の部）における表示科目に影響はないが，フロー計算書（正味財産増減計算書）において，「一般正味財産への振替額」が表示科目として設定されることになる。

4. 4　寄附金・補助金収入に係る計算・表示構造の相違

重要な相違の四点目は，寄附金・補助金収入の表示基準について，貸借対照表／純資産の部への組入科目がフロー計算書に表示されるタイプとされないタイプに峻別されることである。ここにおいては，寄附金・補助金収入の，貸借対照表とフロー計算書への二重計上の問題が伏在している。そこで以下では，この点について考察する。

4. 4. 1　企業会計と非営利組織会計の連携計算構造の相違

組織における期間活動の計算処理において，複式記入でかつ一取引一仕訳を前提とする企業会計では，実体勘定（資産および負債の勘定）の流入出に対する名目勘定（実体勘定流入出の原因を示す勘定）が，損益計算書に誘導・表示される。例えば従業員に対する給料の支払いについては，実体勘定である現金がアウトフローし，その名目勘定である人件費が勘定として設定される。そしてすべてのフローが損益勘定に振替えられ，差額として純利益が算出されて，これが貸借対照表／純資産の部へと振替られる（転記）。こうして，貸借対照表と損益計算書が連携することになる。また，払込資本となるインフローについては，以上のような処理を行わず（即ち損益計算書を通さず），直接に貸借対照表／純資産の部に誘導・表示される。

そして学校法人会計およびNPO法人会計は，企業会計と同様，ボトムラインが連結環となる。学校法人会計／事業活動収支計算書では，「基本金繰入前当年度収支差額」の下段に「基本金組入額」を表示し，これを貸借対照表／純資産の部／基本金に振替える。また，ボトムラインである「当年度収支差額」が，貸借対照表／純資産の部／繰越収支差額と連携する。同様に，NPO法人会計／活動計算書では，ボトムラインである「当期正味財産増減額」を貸借対照表／正味財産の部／当期正味財産増減額に振替える計算構造である。そしていずれについても，寄附金・補助金収入は貸借対照表に表示されない。

他方，公益法人会計では，国庫補助金・地方公共団体寄附金・民間補助金・寄附金などが，正味財産増減計算書と貸借対照表／正味財産の部において同時に表示される。そしてここでは，それらの上位科目として，指定正味財産および一般正味財産が表示される。また，社会福祉法人会計では，基本金・国庫補助金・その他の積立金の3科目について，事業活動計算書と貸借対照表／純資産の部に同時に表示される。

そこで，寄附金・補助金収入がストックとフローの2つの計算書に表示される，公益法人会計基準と社会福祉法人会計基準につき，その違いを詳しく見ていくことにする。

4. 4. 2　公益法人会計の連携計算構造と寄附金・補助金収入の表示

まず，公益法人会計基準における寄附金・補助金収入の，貸借対照表と正味財産増減計算書への誘導・表示構造について説明する。政府機関から指定正味財産として受取った補助金等は，実体勘定を貸借対照表／資産／基本財産に計上するとともに，名目勘定を正味財産増減計算書／指定正味財産増減の部に計上する。例えば国庫補助金として10,000を受入れた場合，仕訳と財務諸表間の連携は図3のようになる。

企業会計のように一取引一仕訳の複式記入を前提とすれば，借方および貸方に二つの勘定が設定され，当該取引価額が計算書に誘導・計上される。かかる

図3　貸借対照表と正味財産増減計算書の連携

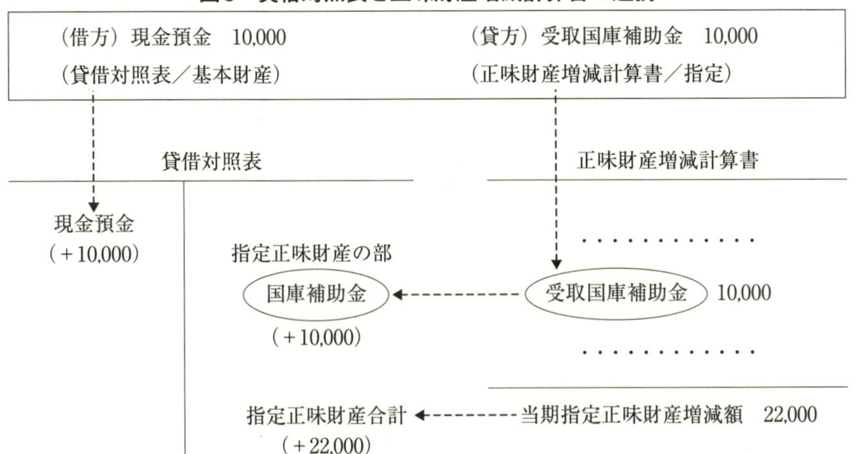

計算構造によれば，国庫補助金収入を受けた場合，貸借対照表／指定正味財産の部における国庫補助金勘定に価額を誘導することはできない。なぜなら受取国庫補助金勘定が，すでに正味財産増減計算書に誘導・表示されているからである。本取引例の場合には，当期指定正味財産増減額の22,000のみが，貸借対照表／正味財産の部と連携し，指定正味財産合計に計上されるべきである。

つまり，正味財産増減計算書に「受取国庫補助金勘定」が誘導された時点で，当該勘定額はゼロとなり，貸借対照表に誘導される価額は存在しない。正味財産増減計算書の集合勘定（企業会計では損益勘定がこれに該当）における差額である「当期指定正味財産増減額」の22,000が，貸借対照表／正味財産の部に振替えられて，「指定正味財産合計」に加算されることになる。

ところが公益法人会計基準では，価額の二重表示が是認される。公益法人会計注解5では，「寄付によって受入れた資産（中略）は，当該受け入れた資産の額を，貸借対照表上，指定正味財産の区分に記載するものとする。また，当期中に当該寄付によって受け入れた資産の額は，正味財産増減計算書における指定正味財産増減の部に記載するものとする。」と規定されている。

この様な会計処理は，受入国庫補助金の価値が当期中において必ず維持されることを前提に成立するものである。即ち拘束性に基づく指定・一般区分において，指定正味財産増減の部の構成科目は将来に拘束・維持が担保されるため，貸借対照表への組入科目を設定しなくても，そのまま移動することは可能である。しかし，一取引一仕訳を前提とする計算においては，振替処理（ここでは貸借対照表／正味財産の部への組入）を行わないかぎり，設定された勘定を二つの計算書に表示できないことに留意する必要がある。

4．4．3　社会福祉法人会計の連携計算構造と寄附金・補助金収入の表示

次に，社会福祉法人会計において，寄附金・補助金収入の，貸借対照表と事業活動計算書への誘導の連携計算構造につき，「国庫補助金等特別積立金」[17]を例にとって説明する。社会福祉法人会計基準・注解10では，毎会計年度において，国庫補助金等により取得した資産の減価償却費等により事業費用として費用配分される額の，国庫補助金等の当該資産の取得原価に対する割合に相当する額を取り崩し，事業活動計算書のサービス活動費用に控除項目として計上される。つまり，国庫補助金等で形成された資産の効果が期待される期間において，減価償却に対応させて取崩される。計算処理は次のとおりである。

①国庫補助金1,000を受けた。

（借）普通預金 1,000　（貸）設備等補助金収入 1,000
（貸借対照表）　（事業活動計算書／特別増減の部）

（借）国庫補助金等特別積立金積立額 1,000　（貸）国庫補助金等特別積立金 1,000
（事業活動計算書／特別増減の部）　（貸借対照表／純資産）

②減価償却を行った。

（借）減価償却費 100　（貸）建物 100
（事業活動計算書／サービス活動増減の部）　（貸借対照表）

（借）国庫補助金等特別積立金 100　（貸）国庫補助金等特別積立金取崩額 100
（貸借対照表／純資産）　（事業活動計算書／サービス活動増減の部）

計算プロセス①をみると，固定資産の購入に際して国庫補助金を受けた場合，「設備等補助金収入」として収益計上し，振替額を「国庫補助金等特別積立金積立額」として費用計上しながら，純資産の部に「国庫補助金等特別積立金」を組み入れている。これによって，当年度の損益計算には影響が出ない。そして計算プロセス②によって，期末ごとに当該固定資産の減価償却を行う一方，同額について「国庫補助金等特別積立金」の取り崩しを行って，「国庫補助金等特別積立金取崩額」という費用との対応科目（実質的には収益）が設定される。

そして本考察の焦点である二重表示の問題については，プロセス①の計算で示されたとおり，収益を相殺する費用（純資産への組入科目）を設定することで，公益法人会計のような計算構造が回避され，補助金収入の，二つの計算書への計上・表示が可能となる[18]。

4. 4. 4 小　　括

以上により，寄附金・補助金収入の貸借対照表とフロー計算書への誘導における，公益法人会計と社会福祉法人会計の連携計算構造の相違が明らかとなった。

ここで，学校法人会計／貸借対照表／純資産の部に表示される基本金は，拘束性をもつ資本的フローを財源とするものであり，公益法人会計における指定正味財産や社会福祉法人会計における基本金・国庫補助金等特別積立金と同様の性質を持つ項目である。つまり科目名が異なるが，会計的本質は類似したものと考えることができる。そして，学校法人会計は社会福祉法人会計と同様に，フロー計算書からの振替処理を行って貸借対照表／純資産の部と連携する計算・表示構造である。即ち，学校法人会計では「基本金組入額合計」であり，社会福祉法人会計では「国庫補助金等特別積立金積立額」がフロー計算書からの組入科目となり，純資産の部に振替えられる。

これに対し公益法人会計では，以上でみたとおり振替処理を行わずに二重計上によって，貸借対照表／正味財産の部／指定正味財産の部に内訳科目として表示される。そのため正味財産増減計算書において，控除される振替科目は設定・表示されない。指定正味財産増減の部に誘導・表示されるフローは，当期において維持されることが確定しており，科目および価額に変動が及ばないことから，こうした会計処理でも資本維持には影響を及ぼさない。ただし，勘定を締切って集合勘定に転記された価額が，実質的には戻されて，別の集合勘定に転記される計算構造となっている。

したがって非営利組織会計における，寄附金・補助金収入の表示の重要な相違点とは，貸借対照表／純資産の部に組み入れるために控除する科目を，フロー計算書に表示するかしないかであり，これが，表示基準統一化のために調整すべき事項となる。

5. 表示基準統一化に適合するアプローチ

以上により，法人形態別の財務諸表における，表示基準の重要な相違点とその理論的含意が明らかとなった。かかる相違が内在するなかで企業会計との表示基準統一化を指向するには，どのようなアプローチをとるべきであろうか。以下ではこのことについて考察された，JICPA［2013］が示す「共通的な会計枠組み構築のアプローチ」の内容を分析する。そしてJICPAが例示する代替案である3つのアプローチのなかから，非営利組織会計と企業会計の表示基準の統一化を指向するために最も適合するアプローチ方法を措定する（本節では，JICPA［2013］からの引用については，本文中にカッコ書きで引用元を示す）。

5. 1　JICPA［2013］が提示する会計基準統一へのアプローチ方法

JICPA［2013］では，非営利組織会計基準の統一化を図るための「共通的な会計枠組み構築のアプローチ」について研究され，基本枠組み共有アプローチ，モデル会計基準の開発アプローチ，会計基準共通化アプローチ，の3つがそこで提案されている。

「基本枠組み共有アプローチ」とは，非営利組織会計の「基本枠組み」を設定し，他方で各会計基準はこれと整合性を図る方式である。したがってここでは，従来の各会計基準がそのまま維持継承される（57-58頁）。

「モデル会計基準の開発アプローチ」は，新たに開発されたモデルとなる「会計基準」に基づき，これまでに存在する各会計基準を整合的に改正していくものである。したがってここでも，従来の各会計基準が基本的にはそのまま維持継承される（58-59頁）。

これに対し，「会計基準共通化アプローチ」は，新たな「共通基準」を開発し，適用のための指針を法人形態ごとに設定するものである。ここでは，基本枠組みだけでなく，認識・測定・表示・開示などの会計基準についても共有されることになる（59-60頁）。

以上に示された3つのアプローチの各内容を要約すると，基本枠組み共有アプローチは，現行の独自基準を尊重しつつ，設定された基本枠組みとの調整を図ろうとするものである。あるいは，調整を図りつつ基本枠組みを設定する方法も想定できる。この場合は，現行の各会計基準が尊重されるため，それが大幅に変更されることは少ない。また，会計基準共通化アプローチは，新たな「共通基準」を開発するものであり，それぞれの現行基準が大きく変更される可能性がある。つまり，本来的な会計基準の統一化を目途とするアプローチといえる。そして，モデル会計基準の開発アプローチは，その中間案と考えることができる。

そこで，JICPA［2013］において示された，各アプローチの利点と欠点をまとめたものが，表3である。

それぞれのアプローチの利点および欠点について見ていくと，「基本枠組み共有アプローチ」では，利点として現行の会計実務との連続性を確保できることが第一に指摘できる（58頁）。また欠点として，個別の会計論点への対応については，法人間で異なる処理となる可能性がある（58頁）。

「モデル会計基準の開発アプローチ」では，利点として，設定されたモデル基準により，個別の会計論点に明確な指針を示すことが可能となることが指摘される（59頁）。また欠点となるのは，法人形態ごとに会計基準が設定されるため，モデル会計基準が各会計基準にどの程度反映されるか不確実性が残るこ

表３　「共通的な会計枠組み構築のアプローチ」の利点・欠点

アプローチ	利　　点	欠　　点
基本枠組み共有アプローチ	・現行の会計実務との連続性を確保しつつ，法人相互の会計の整合性を図ることができる。	・個別の会計論点への対応については，法人間で異なる処理となる可能性がある。
モデル会計基準の開発アプローチ	・モデルとなる基準によって，個別の会計論点に対し明確な指針を示すことが可能となる。 ・基本枠組み共有アプローチに比べ，非営利組織全体としての整合性をより高めた会計枠組み構築が可能となる。	・法人形態ごとに会計基準を設定するため，モデル会計基準が各会計基準にどの程度反映されるか不確実性が残る。
会計基準共通化アプローチ	・非営利組織全体で共通的な会計基準の適用が実現できる。	・特定の法人について，共通化された特性を適切に反映できない場合が生じ得る（会計基準レベルでの適用の柔軟性を高めつつ，整合性を確保し，個別の状況を反映し得る指針を開発することによって解決可能）。 ・現行実務との相違が大きくなる可能性がある。

出所：JICPA［2013］，57-60頁に基づき作成。

とである（59頁）。

そして「会計基準共通化アプローチ」では，利点として，非営利組織全体で共通的な会計基準の適用が実現できることが挙げられる（59頁）。また欠点として，特定の法人について共通基準が適切に反映できない可能性，および現行実務との相違が大きくなる可能性が指摘される（59頁）。

本研究における会計基準統一化の考察は，認識・測定・表示・開示の各プロセスうち，表示の基準が主たる対象である。元々の問題意識に立ち返ると，それは，法人形態別の会計基準設定に起因する，資金提供者（即ち情報利用者）の横断的理解への懸念にある。こうした観点からは，統一化のための3つのアプローチのうち，新たな共通基準開発を目途とする「会計基準共通化アプローチ」が最も妥当と考えられる。法人形態が異なる組織間で共通の表示基準が設定されれば，政府機関や寄附者などの資金提供者は，広範囲の組織のなかから提供先を選択することが可能となるからである。ただし，相違点の特質如何によっては，当該アプローチの適用が困難となる場合もあり得る。それが，前節（第4節）で説明された4つの重要な相違点である[19]。

それでは，いずれのアプローチをとることが，非営利組織会計の表示基準統一化のために適切であろうか。本研究の目的が，非営利組織会計と企業会計との統一化を指向した表示基準の措定にあることを勘案し，表示基準統一化のために採用すべきアプローチについて，以下で選択結論を導出する。

5. 2　表示基準統一化のためのアプローチ方法の措定

以上に挙げられた，会計基準統一を図るための3つのアプローチのなかで，測定および表示に影響を及ぼす重要な相違があれば，各基準を尊重・維持しつつ基本枠組みを設定して各々が調整を図る「基本枠組み共有アプローチ」が妥当と考えられる。逆に重要な相違が少なければ，共通的な会計基準の設定を図る「会計基準共通化アプローチ」の適用が可能となる。それでは，企業会計との統一化を指向した非営利組織会計の統一化を図るためには，どのアプローチを用いることが適切であろうか。

重要な表示の相違の第1点目は，活動の業績を表示するフロー計算書の区分につき，資本的（拘束的）科目と損益的科目に区分するタイプ（公益法人会計）と，経常科目と特別科目に区分するタイプ（社会福祉法人会計と学校法人会計）の2タイプに分かれることであった。そしてここでは，資本的科目と特別科目が近似的であり，損益的科目と経常科目とが近似的である。ただし，社会福祉法人会計において特別科目に分類されている固定資産売却益や災害損失は損益的科目であり，資本的科目（公益法人会計における指定正味財産増減の部）とはならない。したがって，両タイプの統一化が困難である以上，公益法人会計のように拘束性（出資者の拘束意図の有無）によって区分するか，社会福祉法人会計や学校法人会計のようにサービス活動の経常性によって区分するかを統一しなければ，「会計基準共通化アプローチ」の適用は可能とならない。

重要な表示の相違の第2点目は，基本金組入額が，学校法人会計においては，当年度収支差額からの控除科目として表示され，社会福祉法人会計では，特別増減の部の内訳要素（中科目）として表示されることであった。社会福祉法人会計では，基本金組入額が稼得利益と対応付けて控除されるのに対し，学校法人会計では，当期の活動収支差額から基本金を控除して貸借対照表に振替える計算構造となっている。社会福祉法人会計の表示基準の場合，経常・経常外収益を基本金に組入れることにより，将来的な資源の確保が可能となる。また，公益法人会計およびNPO法人会計では，当該組入の科目が設定・表示されず，振替処理が行われない。したがって，貸借対照表／純資産の部に組み入れる科目の，フロー計算書での表示位置の相違は重要なものであり，これを統一しなければ「会計基準共通化アプローチ」の適用は可能とならない。

重要な表示の相違の第3点目は，貸借対照表／純資産の部において，学校法人会計では基本金が4区分され，公益法人会計では拘束性の有無によって2区分されるなど，当該表示区分が法人形態ごとに異なることであった。詳しく純資産の部を見ると，フロー計算書の区分小計が連携しているのは公益法人会計のみであり，社会福祉法人会計や学校法人会計では，フロー計算書の内訳科目である基本金組入額や国庫補助金等特別積立金積立額が連携している。公益法人会計のように，フロー計算書における最上位区分の小計が連携する表示構造を基準とするのであれば，拘束性による区分か経常性による区分かにつき，フロー計算書の表示構造を含めて調整を図る必要がある。しかし，内訳科目が貸借対照表に連携し，純資産の部で拘束性に基づいて区分される計算・表示構造を基準とすれば，調整はとくに困難とはならない。小計も科目と見るのである。即ちここでは，企業会計と同様に，純資産の部を資本的区分と損益的区分の2区分を前提とする調整になる。

そして重要な表示の相違の第4点目は，寄附金・補助金収入に係る表示の構造について，公益法人会計では，フロー計算書において貸借対照表への組入科目の表示を行わないことであった。これにより，正味財産増減計算書と貸借対照表において当該科目の二重表示が行われる。複式記入と勘定設定による計算を前提にすると，寄附金・補助金収入の勘定につき，締切後の残高が正味財産増減計算書に誘導されるため（即ち企業会計の「損益勘定」に相当する集合勘定への振替），当該時点で金額がゼロになっている。そのため，これを貸借対照表／正味財産の部に誘導することはできない。したがって公益法人会計では，複式記入を前提とする計算ルールに基づかない処理が含まれるため，表示基準の統一化においては，この点を調整する必要がある。

以上のように，表示基準の統一化を図るために調整すべき点として，①フロー計算書における最大区分を拘束性もしくは経常性のいずれに基づくものとするかの選択，②貸借対照表／純資産の部に組み入れる基本金組入額の表示位置の選択，③寄附金・補助金収入の貸借対照表への組入科目の表示の有無，が挙げられる。②については，平成25年度学校法人会計改正の契機となった重要事項であり，これを元の表示基準に戻すこと（即ち社会福祉法人会計に合わせること）は困難と考えられる。また①についても，拘束性と経常性のいずれの区分を重視すべきか選択することは，会計基準設定の主旨，延いては会計観（accounting view，第2章にて考察）に関わるところであり，調整は難しいものと判断される。

したがって，JICPA［2013］が示した統一化を図るための3アプローチのうち，最も理想的な「会計基準共通化アプローチ」を適用するのは難しいと考えられる。とくに，基本金組入額の表示位置の違いにより小計値の含意が異なるため，調整の難航が予想される。そこで次善の方法として，各基準が整合化を図る「モデル会計基準の開発アプローチ」が妥当であると結論付けられる。

6. おわりに

以上のとおり本考察では，法人形態ごとに設定されている非営利組織会計の表示基準につき，重要な相違点を明らかにしたうえで，統一的な表示基準を設定するためのアプローチ方法が措定された。

JICPA［2013］が例示した3つのアプローチ方法においては，「会計基準共通化アプローチ」が最も理想的であり，そこでは非営利組織全体で共通的な会計基準が設定される。かりに重要な相違点が調整可能であれば，当該アプローチを適用するのが妥当である。本章の考察によって，表示基準の統一化を図るために調整すべき点が，以下のとおり抽出された。

・フロー計算書における最大区分を，拘束性もしくは経常性の，いずれに基づくものとするかの調整。
・貸借対照表／純資産の部に組み入れる基本金組入額などの表示位置を，特別増減の部とするか，当年度収支差額の下段（控除科目）とするかの調整。
・拘束性のある寄附金・補助金収入の貸借対照表／純資産の部への組入れにおいて，フロー計算書に組入科目（費用）を表示するかしないかの調整。

一点目について，区分を拘束性に基づくか経常性かの選択は，会計基準設定の主旨（延いては会計観）に関わる問題であり，調整のうえ統一化を図ることには困難が予想される。また二点目について，これは平成25年度学校法人会計改正の焦点となった事項であり，利益確保の優先に対する是正措置が盛り込まれていることから，これを元の表示基準に戻すこと（即ち社会福祉法人会計と同様に収支差額からの控除科目としないこと）は困難と考えられる。そして三点目について，公益法人会計のように拘束性に基づくフロー区分とすれば，指定正味財産増減の部の構成科目（寄附金など）はすべて拘束・維持が前提となるため，貸借対照表への組入科目を設定しなくても，そのまま二重表示（転記ではない）することができる。これに対し，社会福祉法人会計や学校法人会計の基本金は，全体のインフローから特定科目を純資産の部に組み入れるため，企業会計と同様の誘導プロセスが実践される。

以上により，非営利組織会計間における重要な相違点の調整は必ずしも容易でないと判断される。したがって本研究では，会計基準統一化のためのアプローチとして，モデルとなる新たな会計基準に基づき，これまでに存在する各会計基準を整合的に改正していく「モデル会計基準の開発アプローチ」が最も妥当であると結論付ける。

注

[1] 企業会計における財務会計とは，外部の利害関係者を会計報告書の受け手として行う会計であり，外部報告会計ともよばれる（桜井［2011］，3頁）。非営利組織会計は，利害関係者のみを対象とするものではないが，その本質が外部報告を目的とする会計であることから，これを財務会計とよぶことが可能と考えられる。

[2] JICPA研究報告の冒頭では，少子高齢化の急速な進展に伴う福祉・医療サービスの需要増，個人間の所得格差の拡大や失業率の高まりに伴う生活困窮者への経済的・社会的支援，国際課題に対し行政区を超えた活動の広がりを，主たる問題意識として掲げている（JICPA［2013］，i頁）。

[3] 会計基準を設定していくうえでは，会計情報の利用者が誰であるのかをあらかじめ明らかにすべきである。即ち，会計の知識を持つ寄附者や政府機関等に限定するか，会計の特別な知識を持たない一般の寄附者に拡張するかである。本研究では，序章で述べたように，一定の会計理論・制度の知識を持った利用者を中心に，広く一般の寄附者等も対象とする。

[4] ここで，「表示基準」と「表示様式」について再度触れておきたい。筆者の想定として，表示基準とは，概念書や基準書において示された表示に関する規定であり，表示様式とは，会計基準に基づいて設定された，区分，構成要素となる科目，およびボトムラインを伴った具体的な表示の形式を指す。

[5] 本研究における会計基準統一化の考察では，認識・測定・表示・開示の各プロセスうち，「表示」を対象とする。表示基準が設定されれば，認識・測定された勘定の価額が，決められた表示箇所に誘導される。表示基準は，計算構造に影響を与えるが（例えば旧公益法人会計基準では，収支計算書と正味財産増減計算書を設定するため，一取引二仕訳の計算構造とされた），価額を確定するための認識・測定基準と分離して考察することが可能である。

[6] 川村［2005］，226頁。

[7] Anthony［1984］・佐藤訳［1989］，117頁。

[8] 同上書，117頁。

[9] 使途が拘束される条件で受け入れた寄付によって正味財産が増加した場合でも，年度会費のような毎期の事業活動に充当される寄付によって正味財産が増加した場合でも，正味財産に与える影響は同じである。しかし，拘束性の高い寄付は場合により負債性を帯びるものとなるため，指定正味財産として区分することが妥当と考えられる。以上の点は，川村［2005］，229頁参照。

[10] 平成12年に「社会福祉法人会計基準」が設定されたのち，社会福祉法人，NPO 法人，消費生活協同組合，農業協同組合などが設置主体となることができる介護保険事業の施設・事業所に対する状況把握のため「指定介護老人福祉施設等会計処理等取扱指導指針」が通知されるなど，複数の事業を運営する場合に，事業形態ごとの会計基準を適用するという問題が生じた。かかる経緯から，社会福祉法人の会計基準の一元化を図るために，平成23年に新社会福祉法人会計基準が公表された（長谷川［2012］，117-119頁）。

[11] 当初の「NPO 法人会計の手引き」では，一取引二仕訳を前提とすることから，組織に適用できないという意見が出た。そのため2009（平成21）年に全国のNPO 支援組織によってNPO 法人会計基準協議会が発足し，そこでのインターネットによる公開議論等を通じて，2010（平成22）年に「NPO 法人会計基準」が公表された。このNPO 法人会計基準は，平成16年公益法人会計基準を基礎としつつその簡略化を図ったものである。以上の会計基準設定経緯は，長谷川［2012］，115-116頁参照。

[12] 新日本有限責任監査法人［2009］，134頁。

[13] 流動／固定に資産・負債を分類するための基準として，営業循環基準と1年基準がある。前者は，「材料→仕掛品→製品→売上債権」という営業循環の過程にある資産，および資産調達によって生じた仕入債務を流動資産・流動負債とする。後者は，1年以内に流出する見込の資産・負債を流動資産・流動負債とする。

[14] たとえば宗教法人会計では，これと同様の科目として，特別財産がある。このなかには，本尊・神像など信仰上かけがえのない財産である「宝物」，宗教活動に用いられる道具である「什物」がある。また，「基本財産」の「土地・建物」は境内内のものに限定され，それ以外の「土地・建物」は「普通財産」に分類される。

[15] また，学校法人会計基準では，「第4号基本金について，その金額に相当する資金を年度末時点で有していない場合には，その旨と対応策を注記するものとすること」，および「第2号基本金及び第3号基本金について，組入れ計画が複数ある場合に，新たに集計表を作成するものとすること」が規定されている。

[16] 會田義雄［1972］，14-15頁参照。学校法人においては，消費収入超過額（利益）を計上しながらの学費値上げが困難であるため，将来の校舎等の固定資産の取得に対し，当該金額を前もって帰属収入（収益）から控除する処理（第2号基本金の先行組入）によって，消費収支計算を赤字とすることができた。この第2号基本金組入については，1987（昭和62）年に改正され（第30条第2項），一定の要件（①正規の決議機関による組入決議，②将来取得する固定資産の明確化，③固定資産の取得予定額，毎年の積立計画の明確化，④所用見込額総額および毎年の組入計画の明確化）を満たすことが必要となった。以上の点は，長谷川［2012］，117頁参照。

[17] 国庫補助金等特別積立金とは，施設及び設備の整備のために国又は地方公共団体等から受領した国庫補助金等に基づいて積み立てられたものであり，社会福祉法人の資産取得のための負担を軽減し，コスト負担を軽減することを通して，利用者の負担を軽減するもので

ある（社会福祉法人会計基準・注解10）。

[18]「その他の積立金」については，事業活動計算書／繰越活動増減差額の部において「その他の積立金積立額」を表示したうえで，貸借対照表／純資産の部に組入れる。そして，現金預金を特定の積立資産と振替える処理が同時に行われる。

[19] またJICPA研究報告では，非営利組織会計の共通的な枠組み構築に向けた段階的なアプローチを提案する。これは，①非営利組織会計の基本枠組みを共有しながら個別会計基準の開発又は改正を行い，続いて②非営利組織のモデル会計基準開発により収斂を進めながら，③非営利組織全体として会計基準の共通化を図るというものである（JICPA [2013]，60頁）。

第2章　非営利組織会計の表示基準に適用される会計観

1. は　じ　め　に

第1章では，法人形態のごとに基準が存在する非営利組織会計に対し，表示（display）の重要な相違点，すなわち財務諸表の表示区分や測定値含意の相違点が明らかにされた。そのうえで，非営利組織会計の表示基準統一化を図るためにモデル会計基準を設定し，各基準がこれと調整を図るアプローチが適切であることが説明された。

そこで，財務諸表の表示に対するモデル会計基準を設定するためには，まず前提となる「会計観」（accounting view）を明確にしておく必要がある。なぜなら，現在設定されている会計基準には，拠って立つ会計観が内在し，具体的には「収益費用アプローチ」もしくは「資産負債アプローチ」のいずれかが前提となって会計制度が成立している[1]。企業会計における「その他の包括利益」の表示をめぐる議論からも，前提となる会計観が会計基準設定に影響を与えることは明らかである[2]。

そして，会計基準の設定にあたっては，アメリカの基準を参酌しながら進めるべきと考えられる。なぜなら日本の会計規制においては，アメリカの主導的役割が決定的なものであり，当該基準設定の動向を抜きにして，わが国における基準設定の展開は論じ得ないからである[3]。したがって，アメリカの非営利組織会計に内在する会計観およびその妥当性につき，これを先行研究に基づいて明らかにし，当該適用により設定される財務諸表を利用することで会計の「基本目的」(objectives，以下「目的」と記す場合もあるが同義）を達成できれば，これを表示のモデル会計基準とすることが可能となる。

そこで本章は，アメリカの会計基準設定団体である財務会計基準審議会（Financial Accounting Standards Board；FASB）が規定した非営利組織会計基準に内在する会計観が何であるか，具体的には資産負債アプローチと収益費用アプローチのいずれであるかにつき，藤井秀樹教授の一連の研究を敷衍して明らかにする。そして，わが国非営利組織会計のモデルとなる表示基準を設定するさいに，FASBが前提とする会計観が妥当であるかを併せて検証する。

論考の手順として，まず，FASBが規定する非営利組織会計基準の概要を把握するため，関連する概念書・基準書の体系，財務諸表の基本目的，財務諸表の表示の特質について概観する（第2節）。次に，非営利組織会計をめぐるR.N.Anthony（以下，アンソニー）とFASBの論争（寄附金の収益表示と寄贈資産の減価償却の問題，後述）を取り上げ，当該論争の淵源が会計観の相違にあることを見出した藤井［2004a］の見解について説明する（第3節）。さらに，アンソニーが示したFASBへの反論について分析し，非営利組織会計に対する彼の所説（そこには会計観が影響している）の適用の妥当性を検証する（第4節）。そのうえで，FASBが拠って立つ会計観を非営利組織会計に適用することが，基本目的を達成するために妥当であるかにつき考察する。具体的には，論争の中心である寄附金の収益表示と寄贈資産の減価償却の問題に対し，特定の会計観から演繹的に導出されたFASBの理論解釈と規定が，非営利組織会計の基本目的を達成するのに妥当であるかにつき検証が行われる（第5節および第6節）。

2. FASB非営利組織会計概念書・基準書における表示の特質

以上に示した論考の手順に従い，本節では，非営利組織会計に関してFASBが規定する財務会計概念書（Statements of Financial Accounting Concepts）および基準書（Statements of Financial Accounting Standards）に示される，財務諸表の表示の特質について説明する。まず，非営利組織会計を対象とするFASB概念書および基準書の体系を示し，規制の全体像を把握する。次に，概念書において規定される財務報告（financial reporting）の基本目的について説明する。そのうえで，基本目的を達成するためにFASBが規定する財務諸表の表示の特質について明らかにする。こうして規制の概要を把握することで，会計観に対するFASBの見方への理解が容易になると判断される（本節では，若林［2002］からの引用については，文中のカッコ書きによって出典を示す）。

2. 1　FASB概念書および基準書の体系

アメリカの非営利組織会計においては，FASBによって概念フレームワークおよび会計基準が規定され，これが，GAAP（Generally Accepted Accounting Principles,一般に認められた会計原則）の一部を構成するものとなっている（157頁）。概念フレームワークとは，財務会計基準および財務報告基準を形成するための基礎となる，目的および根本原理を明らかにするものである（FASB［1980］, p.4）。FASBが公表する財務会計概念書において，非営利組織会計を対象としたものは次のとおりである（157頁）[4]。

- 概念書第2号「会計情報の質的特徴（Qualitative Characteristics of Accounting Information)」(1980年5月)。公表当初，企業会計だけを対象としていたものを，1985年12月の改訂により非営利組織会計にも対象を拡大した経緯がある。
- 概念書第4号「非営利組織体の財務報告の諸目的（Objectives of Financial Reporting by Nonbusiness Organizations)」(1980年12月)。
- 概念書第6号「財務諸表の諸要素（Elements of Financial Statements)」(1985年12月)。当初は第3号として企業会計だけを対象としていたが，第6号によって，非営利組織会計にも適用対象を拡大した経緯がある。

そしてFASBでは，以上の概念書に基づいて設定された，非営利組織の会計基準書を公表している（表1）。

表1　FASBが公表する非営利組織会計基準書

基準書No.	公表年月	内　容
第 93 号	1987年　8月	減価償却に関するもの。
第 99 号	1988年　9月	減価償却に関するもの。
第 95 号	1987年11月	キャッシュ・フロー計算書に関するもので，企業会計と私的非営利会計の双方に適用（1993年6月に一部改訂）。
第116号	1993年　6月	寄附に関するもので，企業会計と非営利組織会計の双方に適用。
第117号	1993年　6月	財務諸表に関するもの。
第124号	1995年11月	特定の投資有価証券に対する会計に関するもの。
第136号	1999年　6月	寄附に関するものの補足。

以上のような概念書および基準書は，非営利組織会計の全般的かつ統一的な基準が含まれたものであり，諸法人（公益法人，学校法人，社会福祉法人，宗教法人，医療法人，労働組合，NPO法人など）に存在していた基準に対する整合性や比較可能性の欠落克服が意図されるものである（158頁）[5]。

2. 2　FASBに規定される財務諸表の「基本目的」

次に，以上のような概念書および基準書において規定される財務報告の基本目的につき，具体的な内容を説明する。若林［2002］における，FASB概念書および基準書の研究を概観すると，資源提供者たちの関心事であり会計の基本目的となるのは，非営利組織体のサービスおよびサービス提供能力を評価するのに有用な情報の提供，および経営者の受託責任および業績を評価するのに有用な情報の提供の二点である[6]。ここでは，それぞれについて説明する。

2. 2. 1　財務的生存力の査定の基本目的

FASB［1980］（概念書第4号『非営利組織体の財務報告の基本目的』）によれば，まず，非営利組織が活動を行う環境状況（Environmental Context,組織が置かれた経済社会における状況）につき，「（企業会計と同様に）財務的に存続しなければならない。すなわち，その活動上の基本目的を達成するためには，それらは資源提供者その他の用役利用者に対して満足のいく水準の財貨または用役を提供するために必要とするだけの資源と少なくとも同量の資源を長期的には受領しなければならない」(FASB［1980］，par.14，カッコ内筆者）と説明される。そして，このような環境で活動する非営利組織における財務報告の情報利用者は，「特定の非営利組織体による財務報告を通して提供される用役，用役提供のさいの効率性ならびに用役を提供し続ける能力についての情報に，共通の関心を有している」(FASB［1980］，par.30)。

FASBは，こうした情報利用者のニーズに応えるために財務報告が担う基本目的につき，「資源提供者その他の情報利用者が，その組織体の財務的な長所と短所を識別し，一会計期間の組織体の業績についての情報を評価し，用役を提供し続ける組織体の能力を評価するのに役立つ。」こととしている（FASB［1980］，par.44)。

若林［2002］では，以上のようなFASBの規定を総括し，概念書第4号における非営利組織の会計基準で着目すべき要点（キーワード）の1つが「財務的生存力」(financial viability）にあると説明する（160頁)。非営利組織がその目的とする事業を遂行し，社会に対しサービスの提供を継続して行うために，財務的に保持していかなければならない能力が財務的生存力であり[7]，営利企業における資本維持概念に類似するものである（26頁)。サービス受益者に対して満足のいく水準の財貨・用役を提供するのに要する資源を長期的には受領することが組織維持の前提であり，当該資源の状況（財務状況）の把握を通じて用役を提供し続ける能力を査定することが非営利組織会計の主たる基本目的であると，FASBは考えるのである。

2. 2. 2　組織体の業績評価の基本目的

FASB［1980］は，経営者の受託責任と活動業績を評価するのに有用な情報提供の基本目的を達成するために，「非営利組織体の純資源の金額および性質についての変動の期間的測定と，組織体の用役提供努力および成果についての情報」(FASB［1980］，par.47）が必要であることを規定している。

純資源の金額および性質についての変動の期間的測定の情報については，

「会費または寄附金の流入ならびに賃金および給料の流出のような純資源を変動させる資源フローと，建物の賃借または購入のような純資源を変動させない資源フローとを区別しなければならない。（中略）拘束されている資源の流入および流出を識別しなければならない。」（FASB［1980］，par.48）としている。

また，組織体の用役提供努力および成果についての情報については，「用役提供努力についての情報は，組織体の資源（貨幣，人的資源および原材料のような投入物）がさまざまな計画または用役を提供するのに，どのように用いられるかに焦点を合わせなければならない。」（FASB［1980］，par.52）と規定する一方で，「用役提供の成果を測定する能力は，とくに計画の結果については，一般に未開発である。」としている（FASB［1980］，par.53）。

2. 3　FASB基準書における「表示」の特質

そして，財務的生存力査定と業績評価の基本目的を達成する財務諸表の表示につき，FASB基準書の規定にみられる特質が，若林［2002］において以下のように整理されている（160-161頁）。

・財務諸表の体系を，貸借対照表，純資産増減計算書およびキャッシュ・フロー計算書とし，キャッシュ・フロー計算書は，貸借対照表および純資産増減計算書に次ぐ第3の財務諸表とする[8]。

・財務的生存力を測定・表示するために，純資産が，それに属する資産の運用または使途に対し，贈与者等から課された拘束の有無および内容により，永久拘束純資産，一時拘束純資産，非拘束純資産の3区分により表示される。そして，活動報告書（純資産増減計算書）においては，純資産の期間増減額が当該3区分に対応して表示される[9]。

・財務的生存力を測定するための純資産の3区分につき，「資本取引と損益取引との区別」の概念が取入れられている。

・純資産増減計算書は，上記の純資産の区分ごとに，その会計期間中におけるそれぞれの増減状況を発生原因別に表示する。非拘束純資産の区分では，純資産を増加させる収入のうち当期の運営のための収入と，当期の運営のための支出とを対比して表示する。

・キャッシュ・フロー計算書は，企業会計のものと実質的な差異は無い。

このように，FASB基準書における表示基準の重要な特質とは，貸借対照表／純資産の部において，資源の運用または使途に対し贈与者等から課された拘束の有無により区分されることである。また，活動報告書（純資産増減計算書）においては，純資産の期間増減額が同一区分に対応して表示される。したがって，流入した資源の拘束の度合により区分表示することが，企業会計と異なる非営利組織会計の特質といえる。

3. FASB非営利組織会計基準に内在する会計観

以上により，FASBにおける非営利組織会計の基本目的および表示の特質が概観された。そこで次には，当該表示基準の前提となる会計観が何であるか，即ち収益費用アプローチか，資産負債アプローチであるかについて，藤井秀樹教授の一連の研究を敷衍しつつ明らかにしていく[10]。会計観とは，会計基準設定の基礎となるものであり，財務諸表の表示基準に対しても強い影響を及ぼす。したがって，FASBが設定する表示基準の理論含意を理解するためには，前提となる会計観が何であるかを把握することがきわめて重要である。本節では，おもに藤井［2004a］の論考に基づき，FASBが拠って立つ会計観，即ちアメリカの現行基準の基底に存在する会計観を探っていく。

3. 1　寄附金処理にみるFASBの会計観

藤井［2004a］においては，寄附金の会計処理につき，R.N.Anthony（以下，アンソニー）とFASBの論争経緯を敷衍しながら，それぞれの拠って立つ会計観が明示されている（本項で，藤井［2004a］からの引用については，文中のカッコ書きによって出典を示す）。

FASBの見解によれば，寄附金はその見返りを提供する義務を負わないため，それを受領した期間の「包括利益」（comprehensive income）の一部となる（99頁）。そして，寄附者の拘束度合に基づいて，非拘束・一時拘束・永久拘束の3クラス制による区分経理が行なわれ，すべてが収益として処理される。即ち，受領された寄附金は当該会計期間の収益として認識・測定され，活動報告書（Statement of Activities）に誘導・表示される。このうち，一時拘束を前提としてもたらされる寄附は，当該拘束が解除された場合に非拘束の寄附に再分類され，貸借対照表おいても，同額の一時拘束純資産が非拘束純資産に振り替えられる（99頁）。

こうしたFASBの規定に対し，アンソニーは，非営利組織が受領する寄附を，事業活動に対する寄附と資本に対する寄附に分類し，前者は当該受領期間の収益として処理し，後者は当期の持分の増加として処理すべきと反論する。またFASBでは，建築物などの資本に対する寄附も当期の収益として処理されるが，これは，事業活動に関連した資源フローとそうでない資源フローを区別することを要求したFASB概念書第4号の規定に反するものであり，非営利組織の事業業績を適正に測定することができないとアンソニーは指摘する（96頁）。寄贈建築物などは，当期の事業活動に対する寄附と異なり，業績評価に作用しない対象であるという見解である（94頁）。そして，FASB［1993］（基準書第117号『非営利組織体の財務諸表』）が規定する3区分（永久拘束純資産・一時拘束純資産・非拘束純資産）は，純資産および収益の内部的な区分経理にすぎず，当期に受領された寄附が全額収益処理される基本構造であるため（95頁），非営利組織の業績評価が適切に表示されないと主張する。

さらにアンソニーは，寄附者から前受した寄附金につき，企業会計と同様に負債計上したあと，サービス提供された期間において収益に振り替えるべきと主張する（Anthony［1995］，p.46）。これにより，前受金の受領にかかわる取引についての適正な期間損益計算が実施されることになる（96頁）。

しかし負債計上処理につきFASBは，当該期間にサービスが提供できなくても，寄附者から返還を要求されることがないため，前受した寄附を負債でなく当期の収益に計上すべきと考える。債権者への返済債務およびサービス提供義務の価額が負債の本義であり，かかる点からは寄附が前受金とは見なされない（100頁）。事業活動支援のための寄附であろうと資本資産取得に充当するための寄附であろうと，寄附にかわりはなく，寄附者に対してその見返りを提供する義務を負わない。また，前受金として寄附を受領しても，返還を寄附者から要求されることはないため，それを受領した期間の包括利益の一部になるとFASBは考える（99頁）[11]。

そして，藤井［2004a］では以上のような論争につき，アンソニーは「収益費用アプローチ」（revenue and expense view）に依拠し，「事業業績の測定（適正な損益計算）」を実施するために，事業活動に関する寄附と資本に対する寄附に区分経理することが主張の要諦と考える（101頁）[12]。これに対しFASBは，「資産負債アプローチ」（asset and liability view）に依拠して「実在性の表示」を会計の主要機能と捉え，見返りの提供義務を負わない寄附について，負債計上せずに全額収益処理する経理が主張されるものと，藤井［2004a］において分析される。そして藤井教授は，このような会計処理をめぐる見解相違につき，双方とも「筋の通ったもの」（101頁）であると結論付けている。即ち，FASBは負債の本質を「現在の義務から生じる将来の経済的便益の犠牲」と規定し，「現在の義務」を伴わない寄附の負債計上は想定されない（102頁）。つまり，純利益の計算（事業の業績測定）を重視する収益費用アプローチにおいて負債（前受分）または資本（寄贈資本など）として処理される寄附が，資産負債アプローチでは実在性重視の観点から収益とされる。そこで，後者のアプローチに基づき規定されたFASB活動計算書のボトムラインは，「純資産の変動」を示すものとなる（103頁）。

3. 2　寄贈資本資産の減価償却にみるFASBの会計観

さらに，藤井［2008］では，「寄贈資本資産」（contributed capital asset，以下，寄贈資産もしくは寄贈資本）の減価償却をめぐるアンソニーの所説について考察され，そこに内在する会計観と，これに相反するFASBの会計観とが示されている。そこで，二者論争の内容および藤井［2008］における導出結論についてここで説明する（本項で，FASB［1987］，Anthony［1989］，藤井［2004b］，および藤井［2008］からの引用については文中で出典が示されている）。

まず，FASB［1987］（基準書第93号『非営利組織体による減価償却費の認識』）では，「この基準書は，すべての非営利組織が，長期的有形資産の費消原価（減価償費）を一般目的外部財務諸表において認識することを要求する財務会計基準および財務報告基準を設定するものである。」（FASB［1987］，par.2）とし，使用されるすべての資産について減価償却費が認識される（FASB［1987］，par.25）。この規定から，FASBは減価償却の本質が配分ではなく長期有形資産の費消原価の認識であると考え，したがって，収益費用アプローチでなく資産負債アプローチに拠って立つことが明らかとなる（藤井［2004b］，66頁）。当該アプローチのもとでは，寄贈によって取得された資産か，対価を支払って取得した資産かにかかわらず，「経済的資源としての実在性を備えた資産についてはこれをすべて資本化（貸借対照表に計上）し，正規の減価償却の対象とするという規範的思考が作用する」（藤井［2004b］，66頁）。

これに対しアンソニーは，減価償却を，過去に取得された資産の按分と考え，当該資産が当期の経営に対しどれだけ良好に使用されたかの測定とは関係がないと主張する（Anthony［1989］，p.72）[13]。即ちこれは，減価償却が有形固定資産に対する価値犠牲額の測定ではなく，期間配分の手続きとこれに基づく純利益の測定を本義とする，収益費用アプローチの会計観に基づく処理と考えることができる（藤井［2008］，120-121頁）[14]。

そしてアンソニーは，寄贈資産に対する減価償却処理を問題視する。原価が組織にとってゼロであり（回収すべきコストを負担していない），期末において収益が最低でも総原価に等しいならば，組織の財務的資本が維持されるため，当該減価償却は利益測定に影響を及ぼさないと考える（Anthony［1989］，p.64）[15]。したがって，FASBの基準書で示されたように寄贈資産を減価償却処理すれば，純利益の適正な測定ができないと彼は主張する[16]。

さらにアンソニーは，寄贈資産の減価償却を選択制とし，これを行う場合は，関連する寄贈持分を取り崩すことによって同額の収益を当該期間に報告する方法を提案する（Anthony［1989］, p.76)。つまり，政府補助金によって取得した資産について減価償却を実施すると同時に，繰延収益とされた当該補助金から減価償却費と同額を取り崩して，純利益への影響を中和化させる処理方法が想定される（藤井［2008］, 126頁)。即ち，寄贈資産の受贈時の価額を持分として計上し，減価償却費と同額を毎年取り崩すことで，経済的実質と当該持分が同時に消滅する計算方法である。これにより，原価配分の概念を会計処理に取り込まずに，適正な資産価額を表示することができる。

以上のように，アンソニーは，コストがゼロである寄贈資産は減価償却の対象にならないと主張し，FASBは，減価償却が費消価値の認識手続であることから減価償却を行うべきとする。FASBの基準は，資産負債アプローチの会計観に依拠し，そこから演繹的に減価償却処理を取込んだものである。これにつき藤井教授は，「どちらの主張が『正しい』かは究極的には，会計をとりまく各時代の経済社会環境によって決まるのであって，それは純粋理論的な検討のみを通じて決しうる問題ではない。」（藤井［2008］, 128頁）と結論付ける。したがって，いずれの所説が正しいものであるかは，論者の価値感による演繹的なアプローチによって決するのではなく，経済社会がいずれの会計観を妥当と見なすかによって決定することになる。

4. アンソニーの所説の検証

藤井教授による以上の先行研究により，資産負債アプローチに立脚するFASBにおいては，事業の業績測定よりも，資産および負債の実在性の表示を重視する会計観が，設定基準の基底に存在することが明らかとなった。当該会計観にしたがえば，非営利組織が受取るすべての寄附金は収益とみなされ，また，経済的実質が存在する寄贈資産に対しては減価償却が行われて当該コストが損益計算の要素となる。しかし，アンソニーは，資本資産設定のための寄附金収入を収益とせず，原価が生じていない寄贈資産に減価償却を行うべきでないと主張する。そして，以上のようなFASBとアンソニーの論争は，純粋理論の演繹化により決着するものではなく，会計観に基づく利益測定観の相違が根源にあることが，藤井［2004a］によって明らかとなった[17]。そこで本節では，FASBの会計基準の妥当性について考察するまえに，まず収益費用アプローチに立脚するアンソニーの所説の妥当性について，会計の基本目的達成の観点から検証する。

4. 1　アンソニーが指摘する論点

前節で説明されたとおり，資産負債アプローチに拠って立つFASBの規定によれば，事業の業績測定よりも，資産と負債の実在性の査定が，主たる会計の機能となる。その結果，FASB基準書第117号の規定では，非営利組織が受取るすべての寄附金が収益として表示される[18]。

これに対しアンソニーは，期間活動により生じるフローの計算に基づく業績測定を会計の主たる機能とする収益費用アプローチに立脚し，資本的インフローである拘束性寄附金・補助金を，活動計算書から除外すべきと主張する。さらに，組織において前受された寄附金については，将来期間に繰延べて負債に計上することを提案する。アンソニーによるFASBへの批判の内容は，表2のようにまとめることができる。

表2　FASBにおける寄附金の会計処理に対するアンソニーの批判（まとめ）

項番	寄附金の種類	アンソニーの批判の内容
1	寄贈設備 （資本的寄附）	FASBは，資本的寄附である寄贈設備につき，寄附者が当該設備の利用について拘束を付していない場合に事業収益（非拘束に区分）としているが，永久拘束に分類すべきである。
2	前受寄附	FASBは，将来の事業活動に充当される前受寄附を一時拘束に含めるが，伝統的な会計によれば負債として処理されるべきである。
3	設備取得目的の寄附	FASBは，設備取得目的の寄附につき，これが取得されるまで，即ち非拘束となる時点まで一時拘束に分類するが，資本的寄附とすべきである。

出所：藤井［2008］，123頁を参照して筆者が作成。

表に示されたとおり，アンソニーは，設備が実際に設置されたかもしくは当年度中に設置が予定される寄附について，これらは資本的寄附であり，永久拘束にすべきと考える。即ち，寄附者が拘束を付していなくても非拘束にすべきでなく，当該時点において設備が未取得の場合でも一時拘束にすべきでないと主張する。さらに，寄附金を前受した場合には，収益ではなく負債に計上すべきと考える。

4. 2　アンソニーの所説（収益費用アプローチ）の妥当性検証

以上のような，アンソニーの所説（批判）に対する，FASBの見解（反論）の要諦は，すべての寄附金につき，寄附者に対し返済・反対給与の義務を負わないため包括利益になること，前受金につき，取引上の義務から生じる将来の経済的便益の犠牲が生じないため負債に該当しないことである。かかる論拠を援用しながら，収益費用アプローチに基づくアンソニーの所説の妥当性について，非営利組織会計の基本目的達成の観点から検証する。

FASBの概念フレームワークで規定された非営利組織会計の基本目的のひとつは，財務的生存力の査定に資する情報提供である（2.2にて説明）。若林［2002］において，財務的生存力とは，非営利組織体がその目的とする事業を遂行し，社会に対しサービスの提供を継続して行うために，財務的に保持していかなければならない能力と説明されている[19]。

そして財務的生存力の概念は，資産負債アプローチを前提とするFASB概念書第4号の規定に含まれるものである。当該アプローチのもとでは，すべての寄附金・補助金が収益とみなされ，これらを含むフロー計算書のボトムラインにおいて，当期の純資産変動額が表示される。当該価額がプラスの場合には，財務的生存力が維持されたものと判断される。

これに対し，収益費用アプローチに基づいて認識・測定が行われた場合には，拘束性のある寄附金・補助金が収益に含まれず，活動業績を表示するフロー計算書には誘導されない。非営利組織における資産増加の主たる原因が寄附金および補助金のインフローであり，このうち長期的な拘束性があるものが加算されないならば，実際には資金等のインフローがあるにもかかわらず，ボトムラインにはそれが含まれないことになる。その結果，ボトムラインがマイナス価額になる場合には，財務的生存力に懸念が生じているものと判断されてしまう。

企業会計の場合には，払込資本などの純資産が，基本的に維持されている。そして，損益計算のボトムラインである純利益がプラスであれば，投下された貨幣に対する余剰分が確保され，名目資本維持が達成される。しかし非営利組織会計の場合，払込資本に相当する永久拘束純資産（公益法人会計では指定正味財産）は，非拘束純資産（同じく一般正味財産）へ振替えられる場合があり，価額が維持されるとは限らない。

したがって，アンソニーが提案するフロー計算書においては，たとえボトムラインがプラス価額であっても，指定正味財産の減少額の方が大きい場合には，名目資本維持が達成されないことになる。また逆に，フロー計算書のボトムラインがマイナス価額であっても，拘束性のある寄附金・補助金や一時拘束資金のインフローがこれを上回る場合には，名目資本維持が達成されることになる。このように，ボトムラインによる資本維持の査定が出来ないのであれば，財務的生存力の適正な査定も行うことができない。

ここで，アンソニーが推奨するフロー計算書と類似した計算・表示構造の計算書の例をみることにする。わが国総務省で規定されている地方政府会計の行政コスト計算書では，税収等を収益とせず表示項目から除外するため，物件費や人件費などの行政コストの総額が，手数料収入や固定資産売却益などの収益を常態的に超過する。かかる表示様式の計算書においては，サービス提供努力の査定が主たる機能となる。ただしこの場合は，税収等のインフローが表示されないため，ボトムライン価額には特定の査定機能が存在しない。ここでのボトムライン価額は，税収や交付金などによる要財源措置額にすぎず，別のフロー計算書（純資産変動計算書）に振替えられる。そして当該計算書のボトムラインが当期の純資産変動額を示すため，これによって，資本維持の査定が可能となる。

したがって，収益費用アプローチに基づく非営利組織会計のフロー計算書は，ボトムラインに資本的インフローおよび一時拘束となるインフローの価額が含まれないため，資本維持が達成されたかを把握することができず，財務的生存力の査定が困難となる。すべての寄附金・補助金を表示に含めることにより，はじめて財務的生存力の維持の有無が確認できるためである。

ただし，活動の業績評価の基本目的を達成するには，収益費用アプローチを前提とするフロー計算書の表示基準が有用となる。企業の場合，純利益の最大化を目指すため，収益と費用はいずれも重要な表示項目である。これに対し非営利組織では，活動コストの削減による提供サービス劣化が懸念されるため，一会計期間においてどれだけサービス提供努力が為されたかのコスト情報が，収益情報よりも情報利用者の業績評価において重要になると考えられる。資産負債アプローチを前提とすれば，資本的フローや一時拘束フローも同時に表示されるが，収益費用アプローチに基づけばこれらが表示されないため，当期の活動に要したコストの情報が顕在化した表示基準となる。そこで，活動業績の評価の基本目的を達成するには，収益費用アプローチに基づくフロー計算書が，資産負債アプローチに基づく計算書よりも有用なものとなる。

以上の考察により，収益費用アプローチを前提とするフロー計算書の妥当性が検証された。そして，当該計算書の特質である，拘束性のある寄附金・補助金収入を除いた計算書のボトムラインでは，財務的生存力の査定が困難であることが明らかとなった。この査定には，当期純資産変動額をボトムラインとする別のフロー計算書を設定するなどの対処が必要となる。

5. 非営利組織会計における寄附金の収益表示の妥当性

以上により，収益費用アプローチを前提とすれば，非営利組織会計の重要な基本目的の一つである財務的生存力の査定が困難となることが明らかとなった。それは，長期的に拘束性がありかつ資本形成の財源となる寄附金・補助金が，計算書に反映されないことに起因する。そこで次に行うべき考察は，

FASBが規定する表示基準が，会計の基本目的を達成するものとなるかの検証である。考察においては表示問題に対象を限定し[20]，資産負債アプローチを前提としたすべての寄附金の収益表示が，非営利組織会計の基本目的を達成するために妥当であるかにつき考察を進める（本節では，藤井［2004a］および藤井［2008］からの引用については，文中のカッコ書きによって出典を示す）。

5. 1　ボトムラインにおける財務的生存力の査定能力具備

まず，非営利組織会計の主要な基本目的である，財務的生存力の査定を達成するために，すべての寄附金等をフロー計算書において表示することの妥当性について考察する。即ち，拘束性がある寄附金・補助金が表示されるフロー計算書のボトムラインにおいて，財務生存力の査定能力が具備されているかの検証を行う。

一般に，公益事業，福祉・ボランティア活動などを行う非営利組織においては，企業と異なり収益の獲得を第一義の目標としない。そこで，用役を提供し続けるための財源は，営利活動により獲得される収益よりも，寄附金・補助金が主たるものとなる。そして，資産負債アプローチに基づく計算書では，経済的実質の測定・表示が前提となることから，実在資源としてのすべての寄附金・補助金の当期増減額がフロー計算書に計上されることについて，会計理論上は問題が生じない。

当該アプローチに基づくFASB基準書の規定においても，すべての寄附金・補助金が収益として表示される。即ちここでは，収益が上段に表示され，費用および損失が下段に表示され，ボトムラインに当期純資産の変動額が示される。この測定値に基づいて，資本が維持されて用役の継続的提供が可能であるかの査定を行うことができる。

会計上の概念であり，財務的生存力と近似した構成内容をもつ資本維持の概念につき，企業会計の場合，投資者によって払い込まれた資本の価額は，減資などを行わない限り基本的に維持される。したがって，かりに稼得資本（留保利益）がプラスであれば，必ず名目的な資本維持が達成される。これに対し非営利組織会計では，留保利益がプラスであっても，資本維持が達成できるとは限らない。長期的な拘束性がある寄附金・補助金等がインフローしても，減価償却や資産除去などによってその価額は減少していく。つまり，企業会計では減価償却費を損益計算に取り込むため資本価額に影響が及ばないが，非営利組織会計では，これが資本的計算に作用するのである[21]。

したがって，当期活動業績がマイナスである場合（即ち，非拘束フローのボトムラインがマイナス値の場合），あるいは拘束性のある純資産が減価償却によって取り崩された場合でも，すべての寄附金がフロー計算書に表示されることにより，これを相殺したうえでの当期純資産変動額をボトムラインに表示できる。そして当該価額こそが，財務的生存力の査定に資するものになる。

ここで，ボトムラインの含意を把握するため，複式記入を前提とした会計処理を辿ると，寄附金として受取った現金は，実体勘定として貸借対照表に誘導・累積され（借方），同時に，当該増加の名目勘定が，フローの計算書に誘導・表示される（貸方）。FASBの規定に基づけば，受取ったすべての寄附金はフロー計算書（活動報告書）に誘導・表示される。そして決算において，活動計算書のボトムラインである当期変動額が，貸借対照表／純資産の部に振替えられ，そこで期首の価額と合算されて，期末純資産価額が表示される。したがって当該ボトムラインには，当期活動に関わる損益的インフローの価額のみならず，長期的拘束性をもつ資源のインフロー（資本的インフロー）の価額も含まれている[22]。

そして当該計算プロセスにより，資産のすべての増減の名目勘定価額が捕捉され，フロー計算書において表示される。こうして計算されるボトムラインは，純資産の当期増加（もしくは減少）価額であり，即ち財務的生存力の査定を可能とする表示項目となる。

以上のように，資産負債アプローチを前提とすれば，計算書の内訳要素によって純資産増減の状況が把握でき，ボトムラインで財務的生存力を査定することができる。したがってFASB基準のように，すべての寄附金・補助金を含む資産・負債変動の原因を表示して経済的実質を示す計算書の方が，収益と費用を対応させて活動業績を示す計算書よりも，情報利用者にとって一層有用になると考えられる。

5. 2　寄附金等の非資本性および非負債性

非営利組織会計のフロー計算書において，すべての寄附金・補助金を収益処理することの妥当性は，その非資本性および非負債性を論証することによっても示すことができる。

まず，インフローする寄附金・補助金の資本性について考察する。公益法人，社会福祉法人，NPO法人などの非営利組織は，寄附者および政府機関などから，返済義務を要さない資金の提供を受ける。企業の場合でも，投資者の出資金である払込資本に対し返済義務は生じないが，当該所有権を所有するのが組織でなく出資者であることが，非営利組織に対する場合と異なる点である。つまり非営利組織にはそもそも株主資本の概念が存在しないため，寄附金・補助金を企業会計の払込資本と同等のものとみることはできない。かかる意味で，非営利組織会計において寄附金等に資本性は存在しない。

次に，インフローする寄附金・補助金の負債性について考える。アンソニーは，寄附者からの前受金につき，一旦負債に計上すべきと主張する（第4節にて説明）。そこで，非営利組織が前受した寄附金・補助金に対して付された社会的条件に着目すると，ここでは寄附者・出資者への返済義務がなく，権利が受取側に移転する。そこで，かりに寄附者の意図どおりに使途が履行されなくても，特段の契約事項がないかぎり法的弁済義務が生じない。こうして寄附金・補助金には，反対給付である資産減少が将来的に生じないため，負債としての会計的特質を持たないインフローとみることができる。

寄附金等につき，資金を提供する側は，企業に対する出資者と異なり，反対給付を期待していない。そして，貸借対照表／純資産の部においては，払込資本に相当する勘定は設定されない。FASBは，このようなインフローを，出資者からの「ギフト」と称している[23]。社会通念においては，過去における何らかの実績との因果関係が存在する場合のみ，ギフトが生じる。非営利組織についていえば，過去における公共・福祉・ボランティア活動が出資者に評価され，ギフトとしての資金がインフローしたと考えることができる。したがって，活動業績を表示する計算書においては，拘束性に基づくインフローの峻別化を要するものの，これを除外して非表示とするものではないと判断できる。

以上の考察により，すべての寄附金・補助金は，負債および資本とは本義が異なる資源増加と見ることができ，フロー計算書において収益として表示されるべきと考えられる。資本もしくは負債の性質を持たないことから，当該勘定は貸借対照表に直入されず，活動結果を表示する計算書において，固定資産の増減を除くすべての純資産増減額の一つとして捕捉され，業績評価に資するものとなる。そして，ボトムラインに当期純資産変動額が表示されて，情報利用者による財務的生存力査定に資する情報となるのである。

5. 3　収益費用アプローチに基づく拘束的寄附金の収益性

これまでの考察において，資産負債アプローチを前提にすれば，すべての寄附金・補助金が収益として表示されるため，財務的生存力査定の基本目的が達成できることが明らかにされた。そしてこれと対象的に，収益費用アプローチを前提とすれば，当期の活動に対する寄附金・補助金のみが表示されるため，当該査定ができないことが説明された。

長期的に拘束性のある寄附金・補助金は，収益費用アプローチに基づくと収益認識されないため，寄贈された資本資産や当該購入のために提供を受けた資金は，貸借対照表／純資産の部に直接計上される。また，一時的拘束性のある寄附金・補助金は前受金となる。弁済義務がないインフローを負債化するのは，発生主義に基づく収益の繰延処理により適正な業績評価を行うためである。

しかし前項（5.2）の考察において，すべての寄附金・補助金は，会計理論上の負債性および資本性を具備しない資源のインフローと見るべきであると指摘された。したがって，同アプローチに基づく拘束的寄附金・補助金のインフローの誘導先特定が問題となる。

そこで，収益費用アプローチに基づき，拘束性のある寄附金・補助金を表示するには，次の二つの方法が考えられる。一つは，別のフロー計算書を設定し，当期活動業績と峻別してこれに誘導・表示する方法である。もう一つは上記のとおり，貸借対照表／純資産の部において項目を設定し，フロー計算書を介さず直接に表示する方法である。しかし前者では，資金収支計算書を含めると3つのフロー計算書が存在することになり，後者では，獲得した寄附金・補助金が組織の業績として表示されないことになる。

それでは，1計算書方式としたうえで，これらを当期業績に含めて表示することは可能であろうか。可能であるとすれば，複式記入を前提とした計算処理において，貸方に設定される現金入金の名目勘定は，どのような特質をもったものと解するべきであろうか。

拘束性のある寄附金・補助金の資本性および負債性が上記のとおり否認されたとすれば，複式記入による計算を前提とするかぎり，経済的実質としてインフローする資産勘定の相手勘定には，残るところの収益を設定することになる。純粋会計理論に沿っていえば，収益は，努力としての費用と期間に対応付けられる成果である。(費用収益対応原則の適用，企業会計原則・第二「損益計算書原則」一 C)。かかる論理を寄附金収入に当てはめると，当該フローに対しては，過去の組織活動におけるサービス提供努力が寄附者や政府機関に評価され，当該年度において資金が譲渡されたとする因果関係のもとに，収益性を是認することが可能となる。即ち，期間が限定されない過去からの継続的サービス提供努力に対し，成果としての寄附金がインフローしたと見れば，ここにおいて，努力と成果の対応関係が定立されるのである。反対給付を伴わない用役提供が，非営利組織において生じる費用の特質であるため，当年度の発生費用と寄附金収入とを個別に対応付けることは困難である。また寄附者および政府機関にとって，支払時点では決算未到来のため業績評価ができていない。そのため，寄附金収入を期間対応に基づいた収益とすることも難しい。

収益費用アプローチの本義は，損益計算によって当期業績を評価することにある。当該会計観に基づいて拘束的寄附金を収益とするためには，寄附者・政府機関が過去のサービス提供努力を評価し，かつ当期に努力が継続されていることを想定して支払われたものと見なす必要がある。そしてこの場合に，寄附金収入は，支払時以前の努力に対応するものとなる。つまり，拘束性意図の有無を問わず，あくまで過去の実績と当期の継続への期待に対し，寄附金・補助金が支払われたと見るのである。こうして，組織における当該受取価額は，前期の未収分を含めた当期業績に相当し，収益的性質をもつインフローと捉えることが可能となる。

以上の考察をまとめると，図1のように，すべての寄附金・補助金の支払価額が，収益として業績評価の対象になる。

図1　すべての寄附金の収益化の論拠（概念図）

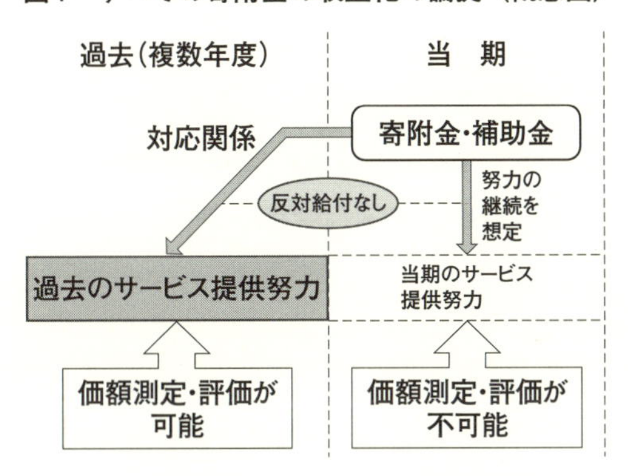

以上の論考により，収益費用アプローチを前提としながら，拘束性のある寄附金・補助金を収益化する論拠が示された。そして非営利組織会計の実務においては，業績評価の社会的要請（即ち基本目的）に応えるために，ボトムラインに加算せずにかつ計算書に表示する方法，およびフロー計算書と貸借対照表に勘定を二重表示する方法がとられている。前者は，フロー計算書に収益を計上し，組入費用科目を設定・表示したうえで，貸借対照表の資本もしくは負債に振替る方法である[24]。後者は，フロー計算書に収益勘定を設定し，同時に同勘定を貸借対照表／純資産の部に計上する方法である[25]。つまり業績評価を行

うために，拘束性のある寄附金・補助金を収益項目として表示し，同科目を資本もしくは負債として表示する方法が，実務で行われている。こうした処理がとられるのは，すべての寄附金・補助金の収益性是認の裏付けであると考えられる。

5. 4　小括 —寄附金の収益表示の妥当性—

以上のとおり本節では，資産負債アプローチを前提としてすべての寄付金・補助金を収益表示するFASBの規定が，非営利組織会計の基本目的を達成するために妥当であるかにつき考察した。本項以下ではこれをまとめる。

非営利組織が用役を提供し続けるための財源は，寄附金・補助金が主たるものとなる。そして，資産負債アプローチに基づく計算書では，経済的実質の測定・表示が第一義であるため，実在資源としてのすべての寄附金・補助金の当期増減額がフロー計算書に表示される。FASBの規定においても，すべての寄附金・補助金を含む純資産増減が表示され，ボトムラインに当期純資産の変動額が示される。これにより，非拘束フローのボトムライン（収益費用アプローチに基づくボトムライン）がマイナス値の場合でも，すべての寄附金・補助金がフロー計算書に表示されることにより，これを相殺したうえでの当期純資産変動額をボトムラインに表示できる。この測定値に基づいて，資本が維持されて用役の継続的提供が可能であるか（財務的生存力が担保されているか）の査定を行うことができる。

また，すべての寄附金・補助金は，負債および資本とは本義が異なる資源増加と見ることができ，この点からも，フロー計算書に収益として誘導・表示されるべきと考えられる。会計理論的に資本および負債の性質を持たないことから，当該勘定は貸借対照表に直入されず，活動結果を表示する計算書において，固定資産の増減を除くすべての純資産増減額として捕捉・表示され，業績評価に資する情報となる。そして，ボトムラインに当期純資産変動額が表示されて，情報利用者による財務的生存力査定のために供される。

さらに，収益費用アプローチに基づく，すべての寄附金・補助金の収益表示の妥当性についてみると，当該資金は，拘束性意図の有無を問わず過去の実績と当期の継続への期待に対して支払われるものであり，組織における当該受取価額は，前期の未収分を含めた当期業績とすることができる。したがって，拘束性のある寄附金・補助金について，収益費用アプローチからも収益的性質をもつインフローと捉えることが可能となる。

6. 非営利組織会計における寄贈資産の減価償却の妥当性検証

続いて，アンソニーが問題と考えるもう一つの事項である，寄贈資産の減価償却について，純粋会計理論（通説的会計理論）を援用して検証を行っていく。第4節（4.1）で説明されたとおり，収益費用アプローチに立脚するアンソニーは，寄贈資産のコストがゼロであることを論拠に，減価償却費を表示せずに一会計期間の業績測定を行うべきと主張する。これに対し，資産負債アプローチを前提とするFASBは，費消価値の認識手続（即ち経済的実質の測定）である減価償却を，無償で取得した資産であっても実施すべきと考える（藤井[2008]，128頁)。そこで本節では，寄贈資産の減価償却を行うことによって，非営利組織会計の基本目的である財務的生存力査定および業績評価を達成できるかにつき考察する。本論点は，会計における認識の問題であり表示の問題とは直接的に関連しないが，表示問題に関する議論は，必然的に認識・測定問題に踏み込んだ議論を伴うことから[26]，ここでの考察対象とする（本節では，引用文献のみの注釈は，文中のカッコ書きによって出典を示す)。

6. 1　アンソニーが指摘する論点

第3節（3.2）で説明された，寄贈資産に係るアンソニーの批判の眼目は，FASBの規定において寄贈資産の原価に対し償却処理が行われることである。これについてアンソニーは，寄贈された資産は無償で受領されたものであり原価が生じないため減価償却を行うべきでないと主張する。そして代替案として，寄贈資本貸借対照表および寄贈フロー計算書を分離して作成し，そこにおいて減価償却を行う方法を提示する（Anthony［1995］，p.60）。またもう一つの方法として，減価償却費の計上と純資産（持分）の取崩を同時に行う方法が提案される（Anthony［1995］，p.61）。

こうしたアンソニーの所説は，収益費用アプローチを前提とし，一会計期間の損益計算による業績測定を第一義とするものである。アンソニーの主張の要諦は，寄贈された資産について組織はコストを負担しておらず，したがって回収されるべきコストが発生していないことである。つまり，原価配分を必要としない以上，経年後においても，寄附を受領する以前と同様に事業資本が維持されるため，減価償却をすべきでないとアンソニーは考えるのである（藤井［2008］，128頁）。

6.2　財務的生存力査定の観点からの減価償却の必要性

まず，非営利組織会計の基本目的である財務的生存力査定において，寄贈資産の減価償却が有用であるかを考察する。上記のとおりアンソニーは，寄贈資産について，回収されるべきコストが発生せず事業資本が維持され，減価償却を要さない（原価配分が必要ない）と判断する。一般に資本維持の概念とは，純資産の総額が長期的に維持される状況を意味し，非営利組織会計では財務的生存力の維持の概念を具現化したものと解すことができる。FASB［1980］においても資本維持概念について，「財務報告を通して提供される用役，用役提供のさいの効率性ならびに用役を提供し続ける」という表現により，非営利組織において資本が維持される状況が示されている[27]。即ち，資本維持が達成できれば財務的生存力が維持されるのであり，本問題について，アンソニーとFASBの両者が当該維持の意義を認識することがうかがえる。

ここにおいて，寄贈資産に対する減価償却が行われない場合，会計上は，将来にキャッシュ・フローを生み出す能力（用役潜在力）が維持されることになる。しかし経済的実質に着目すると，諸活動に因る資産利用の結果として資本の価値が減耗するため，将来キャッシュ・フローも同時に減少する。かかる状況下で原価配分を行わなければ，実際の用役潜在力と乖離した測定値となる。

そして当該未計上は，財務的生存力査定に対し影響を及ぼすことになる。将来キャッシュ・フローが財務的生存力の維持に貢献するためである。これを査定するには，寄贈資産に対しても減価償却を行い，外部に供せられる資源の現在価値を測定・表示する必要がある。当該価額が表示されなければ，資産価額が実際よりも大きく評価されることになる。

こうして，寄贈資産の減価償却費の情報は，将来のキャッシュ・フローの予測に資するものとなり，即ち財務的生存力の査定に役立つことになる。事業に用いられる有形固定資産は，他の資産と共に使用することで将来キャッシュ・フローをもたらすのであり，当該フローの将来予測は，資産の費消（即ち減価償却）に関する情報も利用して行われるべきである[28]。したがって，減価償却費および固定資産の残存価額の情報は，情報利用者の意思決定に有用な情報を提供するものと期待できる[29]。寄贈された資産であるか否かに関わらず，将来キャッシュ・フローを予測ができれば，これを財務的生存力の査定に繋げることができる。当該予測のためには，計算の構成要素となる減価償却費の情報が有用となる。

また経済的実質についてみると，過去の活動努力の成果として寄贈された資産が存在し，そこには用役を外部に提供する能力が具備されている。そのうえ，当該資産の所有権は当該組織に存するため，これを売却して資金を得ることも可能である。さらに，当該用役潜在力は年々減耗し，資産価額は減少している。このことから，用役潜在力と法的権利（所有権・占有権・使用権など）が具備され会計上の資産能力をもつ寄贈資産につき，これを減価償却の対象とすることは理論的に可能と考えられる。

さらに，非営利組織会計では，企業会計における配当規制のような，資本維持を目的とする法規定が存在しない。一応，寄附者もしくは政府機関の意図により長期的拘束が要求される永久拘束純資産が，貸借対照表／純資産の部において設定される。しかし，企業会計における資本金，資本準備金，および利益準備金のように，法定準備金として一定額を留保する法的要請はない。したがって，資本維持および配当規制の社会的要請から減価償却を行わない意義は，企業会計に比べ希薄といえる。

最後に，目的論的関連の観点からこの問題をみると，会計の「目的」として，情報利用者による財務的生存力の査定が設定され，「手段」として，フロー計算書において減価償却費が表示されることになる。即ち目的―手段の関係においては，財務的生存力の査定の目的のため，寄贈資産の減価償却の表示という手段がとられることになる。次に，この関係を因果関連の観点に組替える。どういった理由でそういう行動をするのか，その動機のもつ意味とは，資産の物理的減耗価額の把握要求にあると考える。寄贈であるか否かによらず，形成された償却資産である資本資産は用役潜在力を持ち，将来に便益をもたらすことは明らかである。そしてこれが減耗していくこと，即ち財務的生存力が減衰することは，社会が懸念する事項であるため，当該事象を価額によって把握したいという要求が生じる。このため，減価償却費の表示が社会的に決定するのである。このように見れば，原因―結果の関係である因果関連が明らかとなり，寄贈資産に対する減価償却の一般性・妥当性が確認できることになる。

以上より，財務的生存力の査定において，減価償却の価額が表示されなければ，資産価額が実際よりも大きく評価され，経済的実質を表わす将来キャッシュ・フローの適正な査定ができないことが，問題として顕在化する。そして，資本維持および配当規制の社会的要請から減価償却を行わない意義は，企業会計に比べ希薄であり，法制度との調整の点においても，寄贈資産に減価償却を行う影響は少ないと考えられる。

6.3　適正な業績評価のための減価償却の必要性

次に，非営利組織会計の基本目的である業績評価に対して，寄贈資産の減価償却が有用であるかを考察する。この点につき，わが国における企業会計の基盤的規定でありかつ実務指針を示す「企業会計原則」では，寄贈資産を減価償却する会計処理が認められている。連続意見書第三の第一・四5において，「固定資産を贈与された場合には，時価等を基準として公正に評価した額をもって取得原価とする。固定資産の取得原価から耐用年数到来時におけるその残存価額を控除した額が，各期間にわたって配分されるべき減価償却総額である。(以下，残存価額に関する記述につき省略)」と規定される。

わが国の非営利組織会計でも寄贈資産に対し，時価等の公正評価額によって取得原価が設定され，発生主義に基づいて耐用年数にわたる減価償却が実施される。当該未実施とすれば，資産価額が過大評価されて将来キャッシュ・フローの正確な把握ができず，財務的生存力査定に影響を与える。

ではなぜ，コストがゼロの資産に対する取得原価設定が可能となるのであろうか。理由の一つは，たとえ寄贈された経営資源であっても，用役潜在力が具備された法的権利と経済的実質の移転が完了したためである。二つ目は，過去の活動努力に対する成果として寄附者から資産が獲得されたと考えるのである。こうして，まず寄贈資産に取得原価（但し時価）が設定され，減価償却が行われ，当該価額がフロー計算書に表示されることで，適正な業績評価が可能となる。

さらに，目的論的関連の観点から寄贈資産の減価償却の問題をみると，目的—手段の関係において，「目的」として情報利用者による業績評価が設定され，「手段」としてフロー計算書における減価償却費の測定・表示が行われる。次に，この関係を因果関連の観点に組替える。如何なる理由でそういう行動をするのか，その動機とは，できるだけ努力の業績を多く計上しようとする経営者の意図にあると考える。また，営利を追求しない組織において純利益が多く計上されることはマイナス評価となるため，資産減耗というコストの発生を伝えようとする意思が生じ，減価償却が行われたとみることもできる。こうした原因—結果の因果関連の存在を是認するならば，寄贈資産に対する減価償却の一般性・妥当性を認めることも可能である。

以上より，用役潜在力を具備した寄贈資産によるサービス提供が寄附者・政府機関に評価され，寄附金・補助金が獲得されたと見れば，当該利用に起因する減耗価額を，原価配分の対象とすることが可能である。そして，減価償却が行われ，当該価額がフロー計算書に表示されることで，適正な業績評価を行うことができる。

7. お わ り に

以上のとおり本章の考察では，藤井秀樹教授の一連の研究に基づき，アンソニーとFASBの論争を敷衍しながら，非営利組織会計の表示基準に適用されるべき会計観が，資産負債アプローチであることが確認された。とくにアンソニーが批判する，拘束性のある寄附金の収益表示，および寄贈資産に対する減価償却の問題の考察を通じて，やはり収益費用アプローチよりも資産負債アプローチを前提とする表示の方が，非営利組織会計の基本目的（財務的生存力査定および業績評価）を達成しやすいことが明らかとなった。当該適用を妥当とする論拠は，以下のようにまとめることができる。

・　資産負債アプローチに基づく会計では，すべての寄附金・補助金を収益として表示する。この場合には，フロー計算書の内訳要素によって純資産増減の状況が把握でき，かつボトムラインで財務的生存力を査定することができる。

・　資産負債アプローチに基づく会計では，すべての寄附金・補助金は，負債および資本とは本義が異なる資源増加と見ることができ，フロー計算書に収益として誘導・表示されるべきと考えられる。資本もしくは負債の性質を持たないことから，当該勘定は貸借対照表に直入されず，活動結果を表示する計算書において，固定資産等の増減を除く純資産増減額として捕捉され，業績評価に資するものとなる。

・　資産負債アプローチに基づく会計では，コストがゼロである寄贈資産に対し減価償却を行う。それは，減価償却の価額が表示されなければ，経済的実質を表わす将来キャッシュ・フローの正確な把握ができず，財務的生存力の査定の基本目的が達成されないためである。

・　そして，過去のサービス提供が寄付者・政府機関に評価され，対価として寄贈資産が獲得されたとすれば，当該資産利用に起因する減耗価額を原価配分の対象とすることができ，当該価額がフロー計算書に表示されて適正な業績評価の基本目的を達成できる。

以上より本章結論として，非営利組織会計の表示基準に適用される会計観として資産負債アプローチを援用することにより，財務的生存力の査定，および業績評価の基本目的を達成することが明らかとなる。そして，すべての寄付金・補助金が，収益としてフロー計算書に表示される。

注

[1] 「会計観」は一般に，会計に期待される基本的な機能を考える場面において，最も集約的に現れる（藤井［2008］，119頁）。そして，そこから演繹するかたちで会計基準が形成されることになる（藤井［2004a］，101頁）。尚，「会計観」が考察の対象となったのは，FASBの1976年討議資料において，「資産負債アプローチ」（asset and liability view）の提示により，これと対比されるべき従来の損益計算指向的会計観としての「収益費用アプローチ」（revenue and expense view）が同時に設定されたのがきっかけである（藤井［1997］，35頁）。資産負債アプローチでは，一期間における企業の正味資源増分の測定値を利益とし，収益費用アプローチでは，企業の活動成果の測定値を利益とする（同書，41-44頁）。

[2] 藤井［2007］・第6章において，当該プロセスが詳しく説明されている。

[3] 営利企業においてはこの点が明らかであるが，非営利組織の会計基準についても，基本的には同様に指摘しうるものである（藤井［2004a］，90頁）。

[4] 池田［2007］においても同様の整理がなされている。まず，第4号が非営利組織の財務報告の目的を特定し，これに続いて第2号（1980年版）を非営利組織の会計情報にも適用できるよう修正した第2号（1985年版，第4号の目的を達成するために必要な会計情報の質的特徴を示す）が公表され，さらに第3号の差し替えとして営利・非営利両組織の財務諸表構成要素を統合的に定義した第6号において，第4号での目的を達成するために要求される財務諸表構成要素が定義される（池田［2007］，123頁）。

[5] また，財務諸表の情報利用者についてもFASB概念書第4号で規定され，具体的には，資源提供者，サービス利用者，統制および監督機関，組織体の管理者などが挙げられている（FASB［1980］，par.29）。

[6] FASB基準書第117号によれば，財務諸表利用者の関心は，（a）組織体が提供するサービ

スとそのサービスを提供し続ける能力，(b) いかに経営者がその受託責任を果たしたか，また経営者の業績はいかなるものか，を評価することにある（FASB［1993］，par.4）。

[7] 川村［2005］においても，FASB概念書第4号において規定される非営利組織体の財務諸表の目的は，財務的生存能力の表示に置かれることが指摘されている（川村［2005］，230頁）。

[8] FASB第117号は，資源提供者の情報ニーズに焦点を当てた形で，比較可能性がある非営利組織会計の財務諸表様式をはじめて提示したという点で，意思決定有用性アプローチに基づく非営利組織会計規制の今日的到達点を示すものとして位置づけることができる（藤井［2004a］，90頁）。

[9] 永久拘束純資産は，特定の目的のために使用するか，保全するかして，売却してはならないという条件で贈与された，土地または美術品のような資産の保有に係るものと，永久的な収入源を提供するために投資するという条件で贈与された資産の保有に係るものから成る（FASB［1993］，par.14）。一時拘束純資産は，特定の運営活動を支援するためのもの，特定の期間における投資のためのもの，将来の特定期間において使用するためのもの，および固定資産の取得のためのものから成る（FASB［1993］，par.15）。非拘束純資産は，当該組織が運営上稼得した収益から運営上費消した費用を控除した残額から生じる（FASB［1993］，par.16）。

[10] 藤井［1997］，54-55頁，藤井［2004a］，101頁，および藤井［2008］，119頁が参照される。

[11] 寄附を収益として認識するには「稼得」されなければならず，それまでは負債にすべきとアンソニーが考えるのに対し，FASBは，「稼得」という用語に寄附に見合う便益の提供が含意されると考え，債務返済もしくはサービス提供の義務を負わない寄附はこれに該当しないと判断する（藤井［2004a］，100頁）。

[12] 即ちアンソニーは，組織が一会計期間においてその財務的資本を維持することに成功したか否かを報告するために，純利益を測定することが会計の主要な焦点と考える（藤井［2004a］，100頁）。
ただし，一定の使途拘束が存在することから通常の収益と異なる点を考慮し，3クラス制による区分経理（非拘束・一時拘束・永久拘束）を規定する。一時拘束が前提となる寄付は，当該拘束が解除された場合に，活動報告書において非拘束の寄附に再分類され，貸借対照表おいても，同額の一時拘束純資産が非拘束純資産に振り替えられる（同上稿，99頁）。

[13] そしてアンソニーは，組織が一会計期間においてその財務的資本を維持するのに成功したか否かを報告するために純利益測定が意義をもつと考える（藤井［2008］，119頁）。

[14] アンソニーによれば，財務的資本が維持されたか否かを報告するために減価償却が必要であり，過年度の繰越剰余金を原資とした資産取得であれば「耐用期間にわたって収益が当該剰余金を期初状態に復元するのに十分であったか否かを示すこと」になり，借入金を原資とした資産取得であれば「収益が当該借入金の元本を返済するのに十分であったか否か

を示すこと」になる（Anthony［1989］, p.121）。

[15] アンソニーによれば，寄贈資産の取得に対し，当該非営利組織はコストを何ら負担しておらず，回収されるべきコストは存在しないのであり，事業資本は以前と変わらず維持されている（藤井［2008］，124頁）。

[16] 寄贈資産に見合うインフローは，留保利益よりも払込資本に類するものであり，利益の金額には影響を及ぼさないとアンソニーは考える（Anthony［1989］, p.50）。即ち非営利組織の資源インフローを事業インフローと資本インフローとに区分し，長期有形資産に見合うインフローは，収益ではなく資本にすべきという主張である（藤井［2008］，122頁）。したがって，財務的資本維持の状況を示す純利益は，寄贈資本のインフローを除いて測定されることになる。

[17] 藤井［2004a］によれば，両者の主張はそれぞれが拠って立つ会計観の相違に根ざしており，したがって，それぞれの会計観を所与とするかぎり，いずれの主張も筋の通ったものとなっている（藤井［2004a］，101頁）。

[18] FASB基準書第117号では，寄附金以外の収益項目として，料金，長期投資収益，その他の投資収益，長期投資からの未実現・実現純利得などを挙げている。

[19] そして財務的生存力は，営利企業における資本維持概念に類似するものである（若林［2002］，26頁）。

[20] 藤井［2007］によれば，表示問題に関する議論は，必然的に認識・測定問題にも踏み込んだ議論をともなうことになる（藤井［2007］，109頁）。具体的には，国際会計基準審議会（International Accounting Standards Board；IASB）における包括利益一元化の議論で，業績の表示問題は，純利益を表示するか否かの問題を含んでおり，認識・測定問題に立ち入っていることがわかる。この点は，同書，142頁に詳しい。

[21] わが国の公益法人会計や社会福祉法人会計では，補助金等により取得した資産の減価償却分を，同補助金で補てんする処理が行われている（公益法人会計基準・注解13，および社会福祉法人会計基準・注解10）。また，国際会計基準第20号『政府補助金の会計処理および政府援助の開示』においては，政府補助金によって取得した資産の減価償却について，繰延収益と見立てた当該補助金を毎期取崩して，影響を中和化する方法が提示されている（藤井［2008］，128頁）。

[22] この場合，企業会計と違って資本的フローは貸借対照表に直入されない。この点につき，わが国公益法人会計基準では，正味財産増減計算書において表示された指定正味財産が，貸借対照表／正味財産／指定正味財産にも表示される。これは，資産の取得原資を資本とする「実物資本概念」が内在した会計処理と見ることができ，しかし収益としても認識されるものである。

[23] FASB当局者は「ギフトはギフトである」と言う観点から，寄附の負債計上の主張につき，調整不能なものとしてこれを退けている（藤井［2004a］，101頁）。これにつき藤井［2004a］によれば，資産と負債の実在性の表示を会計の主要機能とするFASBの会計観

を，アンソニーへの回答によせて敷衍したものとなっている（同稿，101頁）。

[24] すべての寄附金・補助金を収益化する方法として，わが国社会福祉法人会計では，フロー計算書（事業活動計算書）に収益を計上し，組入科目を設定して相殺したうえで，貸借対照表／純資産の部に勘定を設定する方法がある。1,000円の国庫補助金を受けた場合の仕訳は以下のとおりである。

（借）普通預金　1,000 （貸借対照表／流動資産）	（貸）設備等補助金収入　1,000 （事業活動計算書／特別増減の部）
（借）国庫補助金等特別積立金積立額　1,000 （事業活動計算書／特別増減の部）	（貸）国庫補助金等特別積立金　1,000 （貸借対照表／純資産）

これにより，フロー計算書における価額は消滅するものの，計算書での表示の効果は期待できる。詳しくは，宮本［2012］，68頁参照。

[25] わが国公益法人会計・注解5では，寄付によって受入れた価額の純資産勘定を，貸借対照表／指定正味財産の部に表示し，同時に，正味財産増減計算書における指定正味財産増減の部に表示する旨が規定されている。

[26] 藤井［2007］，156頁。例えば企業会計の表示に関する議論である包括利益一元化論においては，実現とは何かという認識・測定の概念をめぐる考察が，IASBを中心に展開されている。

[27] FASB［1980］，par.30. FASBは，組織が「満足のいく水準の財貨または用役を提供するために必要とするだけの資源と少なくとも同量の資源を長期的には受領」（FASB［1980］，par.14）することが，財務的生存力を維持できる条件と考える。

[28] 企業会計では，投資家等のリターンに対する期待は，報告実体の将来キャッシュ・インフローの金額，時期などに依存するため，財務諸表利用者は，報告実体への将来正味キャッシュ・インフローの予測を評価するのに役立つ情報を必要とする（草野［2014］，140頁）。

[29] 他方，売買目的証券のように，販売目的で保有する資産は直接的に将来キャッシュ・フローをもたらすために，現在市場価格が，投資家の意思決定に有用な会計情報を提供する（草野，同上稿，140頁）。

第3章　非営利組織会計に適用される表示基準

1. は　じ　め　に

本研究の目的は，企業会計との統一化を指向した非営利組織会計の表示基準を設定することにある。既に第1章において，新たに開発された会計基準に基づき各会計基準を整合的に改正する「モデル会計基準の開発アプローチ」に基づいて統一化の考察を行うことが示された。また第2章では，資産負債アプローチに基づく表示を前提とすべきであることが説明された。

そして第2章の考察では，藤井秀樹教授の先行研究を援用し，資産負債アプローチに基づくアメリカ財務会計基準審議会（Financial Accounting Standards Board；FASB）の基準において，すべての寄附金を収益表示し，寄贈資産を減価償却することの妥当性が示された。そして，当該アプローチに基づく表示基準が，会計の基本目的である財務的生存力および用益提供努力・成果の査定に有用であることが説明された。わが国で規定される非営利組織会計基準においても，FASBが規定する当該ルールと同様に，すべての寄附金がフロー計算書において表示される。

さらに第2章では，対立所説として，収益費用アプローチに拠って立つR.N.Anthony（以下，アンソニー）の考察において，表示の会計的意義が示された。ここでのFASBへの批判の要諦は，寄附金をすべて収益表示することおよび寄贈資産を減価償却することにより業績の査定に誤差が生じることへの懸念であった。かかる点から，非営利組織会計のもう一つの基本目的である活動業績（即ち用役提供努力・成果）の査定を達成するには，収益費用アプローチに基づくフロー計算書が有用となる可能性がある。

そこで本章では，「モデル会計基準の開発アプローチ」を実践するために，モデル表示基準の設定を目途に考察を進める。即ち資産負債アプローチに基づき，非営利組織会計に対し共通的に適用される財務諸表のモデル表示基準が如何なるものであるかの論考を行い，具体的な表示様式を定立する。また，用役提供努力・成果査定の基本目的を達成するには，収益費用アプローチに基づく計算書が資産負債アプローチに基づくそれよりも有用となる可能性がある。このため，収益費用アプローチを前提とする表示基準についても代替案として提示される。

以下での考察手順として，まず第2節において，資産負債アプローチを前提とするFASBの基準に基づく，すべての寄附金の収益表示の妥当性について，第2章で示された考察の内容を確認する[1]。次に第3節で，会計の基本目的を達成するための，具体的な表示基準を類型化する。そのうえで第4節において，示された代替案に内在する利点および欠点を明らかにし，非営利組織会計の基本目的を達成するためいずれの類型を選択すべきか考察し，非営利組織会計の統一化を指向したモデル表示基準を定立する。こうして本章において，「モデル会計基準の開発アプローチ」を実践するための，新たなモデル表示基準が設定される。

2. すべての寄附金の収益表示の妥当性

以上のように本章は，非営利組織会計の表示基準の統一化を達成するため，類型化と選択による，財務諸表の「モデル表示基準」の定立を目途とする。まず本節では，第2章の論考を敷衍し，資産負債アプローチを前提としたFASBの表示基準の妥当性について確認する。

非営利組織会計情報において金額的に重要な科目である寄附金・補助金収入

につき，資産負債アプローチに基づけばすべてが収益として表示され，貸借対照表との連携を含む全体の表示構造が確定する。

そして第2章では，非営利組織会計の基本目的である財務的生存力査定につき，資産負債アプローチを前提とすることの妥当性について説明された。営利を目的としない組織において，用役を提供し続けるための財源としては，寄附金・補助金が主たるものとなる。そして，資産負債アプローチに基づく計算書では，経済的実質の測定・表示が第一義であるため，実在資源としてのすべての寄附金・補助金の当期増減額がフロー計算書に表示され，ボトムラインには当期純資産の変動額が示される。さらに，拘束性を附帯する科目と非拘束科目の各合計価額が貸借対照表と連携する。こうした計算・表示構造により，非拘束フローの合計価額（収益費用アプローチに基づく計算書のボトムライン）がマイナスの場合でも，すべての寄附金・補助金がフロー計算書に表示されることにより，これを相殺したうえでの当期純資産変動額が把握できる。そしてこの測定値に基づき，資本が維持されて用役の継続的提供が可能であるか，即ち財務的生存力が担保されているかの査定を行うことができる。

また第2章では，前受された寄附金・補助金に負債性が存在すると主張するアンソニーの所説（収益費用アプローチに依拠）について説明された。そして，当該収入の収益性を是認する見地から，負債性是認の問題点が示された。非営利組織が前受した寄附金・補助金に対して付された法的条件に着目すると，寄附者・出資者への返済義務はなく，権利が受取り側に移転する。そこで，かりに寄附者の意図どおりに使途が履行されなくても，特段の契約事項がないかぎり弁済義務は生じない。また，会計理論的にみても，寄附金・補助金収入に反対給付は生じず将来に資産減少は伴わないため，負債としての特質を持たないインフローと考えることができる。資金を提供する寄附者や政府機関は，企業に対する出資者と異なり見返りを期待せず，当該財源に基づく用役提供の状況に関心を払うのみである。こうした非営利組織の特質に鑑みれば，前受された寄附金・補助金に負債的性質は存在しないものと解される。

さらに，インフローする寄附金・補助金の資本性についても第2章で考察された。公益法人，社会福祉法人，NPO法人などの非営利組織は，寄附者および政府機関などから，返済義務を附帯しない資金の提供を受ける。企業においても，投資者の出資金である払込資本に対し返済義務は生じないが，当該権利を所有するのが組織でなく出資者であることが，非営利組織に対する場合と異なる点である。つまり，非営利組織にはそもそも株主資本の概念が存在せず，寄附金・補助金を企業会計の払込資本と同等にみることはできない。例えば公益法人会計基準では，拘束性のある資本的インフローを非拘束の区分に振り替える処理が認められている。したがって非営利組織会計では，企業会計の資本金に相当する科目が存在せず，そのため寄附金・補助金の資本性に対する否定的見解が是認されることになる。

以上のようにすべての寄附金・補助金は，負債および資本とは本義が異なる資源増加と見ることができ，フロー計算書に収益として表示することが妥当と考えられる。そして資本・負債としての会計的特質が具備されないことから，当該科目は貸借対照表に直入されず，活動結果を表示するフロー計算書において，固定資産や借入金等の増減を除くすべての純資産増減額として捕捉される。そして，ボトムラインにおいて当期純資産変動額が表示され，情報利用者による財務的生存力査定に資する情報となる。また，受取った寄附金・補助金の拘束性が次期以降においても維持される場合，貸借対照表／純資産の部に振り替えられて，長期的な財務的生存力査定の判断材料となる。

また，もう一つの重要な基本目的である用役提供努力・成果の査定についても，第2章において，資産負債アプローチを適用することの妥当性が確認された。当該アプローチに基づく場合，拘束性のある寄附金・補助金について，フロー計算書で表示されうるかが論点となる。そして第2章（5.3）において，当該フローに収益性が具備されることが説明された。即ち，過去の組織活動におけるサービス提供努力が寄附者や政府機関によって評価され，当該年度においてこれと対応する資金が譲渡されたという因果関係に基づき，収益性が是認されるのである。これにより，用益提供努力が，表示された費用によって査定され，用益提供成果が，収益（拘束性のある寄付金・補助金を含む）によって査定される。

したがって，財務的生存力査定および用役提供努力・成果査定の基本目的はともに，資産負債アプローチを前提とする財務諸表によって達成されうるものと判断できる。そこで第2章で示されたとおり，フロー計算書において，拘束性のあるものを含めたすべての寄附金・補助金を表示すること，ボトムラインは純利益でなく当期純資産変動額を表示することが妥当であると結論付ける。

3. 非営利組織会計財務諸表の表示基準の類型化

以上により，第2章における考察結論が摘記され，非営利組織会計の表示基準に対し，収益費用アプローチよりも，資産負債アプローチを適用するのが妥当であることが示された。そこで本節では，資産負債アプローチを前提とした，財務諸表の表示基準の類型化を図り，複数の代替案を設定する。当該案が設定されたのち，次節（第4節）において，「モデル会計基準の開発アプローチ」に基づいた，新たなモデル表示基準が措定される。

表示基準の類型化にあたっては，これまでに公表された非営利組織会計の表示基準を分析し，その特質に基づいてこれを行うことが可能と考えられる。そこで，公益法人会計・社会福祉法人会計・学校法人会計・NPO法人会計，およびFASB基準書第117号『非営利組織の財務諸表』（1993）が規定する，財務諸表の区分体系と構成要素に着目しながら，表示基準を分類していく。また，用役提供努力・成果の査定に対して有用と考えられる収益費用アプローチに基づいた表示基準についても，類型の一つに加えてその様式を明らかにする。

3. 1　損益的フロー／資本的フローの2区分とする表示基準

まず，資産負債アプローチを前提とするわが国の現行基準の代表例として，公益法人会計基準における損益的フローと資本的フローを最大区分とする表示基準を，類型の一つとすることができる。公益法人会計基準では，正味財産増減計算書において，指定正味財産増減の部と一般正味財産増減の部に最大区分され，それぞれが，貸借対照表／正味財産の部（純資産の部）と連携している。

この表示基準は，会計期間の経常的な活動によって生じる損益的フローおよび当該ストックと，複数期間に渡って拘束されて長期的活動に作用する寄附金・補助金など資本資産を形成するフローおよびストックが最大区分となる表示基準である。正味財産を増減させるフローのうち資本的フローとそれ以外とに区分することで，「ハード」なものと「ソフト」なものとにフローが峻別されることになる[2]。

第1章において，表1で正味財産増減計算書，表2で貸借対照表の表示基準が示されている。正味財産増減計算書で，損益的フローおよび資本的フローに区分されてそれぞれのインフローとアウトフローが表示され，各区分の当期純資産増減額が，貸借対照表／純資産の部の同区分と連携する。

そして，正味財産増減計算書のボトムラインには，一会計期間における純資産変動額が表示される。これは，資産負債アプローチに基づき，業績測定よりも経済的実質を優先した会計処理による価額である。

基本目的の達成については，フロー計算書上段の業務フローの表示によって小計に純利益が設定され，用役提供努力・成果の査定が可能となる。また，下段の資本的フローの表示によって小計にその他の包括利益が表示され[3]，長期的に維持される資本の増減が明らかにされる。したがってこれは，純利益とその他の包括利益を最大区分とするものであり，企業会計と同様の表示となる。ボトムラインにおいては，純資産増減額が設定され，当期における財務的生存力への影響を査定することができる。また，貸借対照表／純資産の部の価額によって，長期的な財務的生存力の査定を行うことができる。

3.2　本業・本業外・特別の3区分とする表示基準

この区分の代表例として，わが国の社会福祉法人会計のフロー計算書は，サービス活動増減，サービス活動外増減，特別増減の最大区分で表示される。また，学校法人会計も同様に，教育活動収支，教育活動外収支，特別収支に区分される。そしてこれらは，企業会計における損益計算書の3区分と同様であ

図1　社会福祉法人会計の表示基準（概要）

貸借対照表	事業活動計算書
	サービス活動増減の部
	収　益
	費　用
	サービス活動外増減の部
	収　益
	費　用
	経常増減差額
純資産の部	特別増減の部
	収　益
	費　用
基本金 ←	基本金組入額
	当期活動増減差額
	前期繰越活動増減差額
次期繰越活動増減差額 ←	次期繰越活動増減差額

る。計算書における上から2つの区分の増減については，経常増減差額（学校法人会計では経常収支差額）が小計として表示される。そして，ボトムラインにおいて当期活動増減額（学校法人会計では基本金組入前当年度収支差額）が表示される。

社会福祉法人会計の表示基準の概略は，図1で示されたとおりである。上掲の公益法人会計基準が拘束／非拘束性に基づいて区分されるのに対し，ここでは，経常／特別性によって区分表示される。また，貸借対照表との連携において，基本金など純資産の部に組み入れる科目（費用に相当）がフロー計算書に設定される。そして，ボトムライン（特定の組入額を差引いた当期純資産増減額）とともに純資産の部と連携する。

基本目的の達成につき，フロー計算書における費用・収益の表示要素により，用役提供努力・成果の査定が可能となる。またボトムラインにおいて，当期の純資産増減額が設定され，財務的生存力を査定することができる。さらに貸借対照表／純資産の部の価額によって，長期的な財務的生存力の査定を行うことができる。

3. 3　非拘束・一時拘束・永久拘束の3区分とする表示基準

FASB財務会計基準書第117号『非営利組織体の財務諸表』（以下，FASB［1993］）では，非営利組織会計のフロー情報を表示する活動計算書の様式が規定されている。ここでは，永久拘束・一時拘束・非拘束に3区分してインフローが表示され，それぞれの当期変動額がボトムラインとして表示される。また規定では，3区分を縦軸に一列で表示する様式と，マトリックスにして横軸に展開するものとが示されている（FASB［1993］，par.159）。そして各区分のボトムラインが，貸借対照表／純資産の部と連携している。表示基準（マトリックス様式）の概略は，図2に示されたとおりである。

ここでの3区分は，使途が拘束される度合によって分類されたものである。永久拘束純資産は資源提供者によって使途が永久的に拘束された純資産，一時拘束純資産は資源提供者によって使途が一時的に拘束された純資産，非拘束純資産は資源提供者によって使途が拘束されていない純資産をいう[4]。

各区分の表示は，収益区分，費用区分およびボトムラインとしての純資産変動額より構成される。したがって，企業会計のように純利益とその他の包括利益の2区分とする表示構造ではない。損益フローの要素が表示されるのは非拘束の区分であり（サービス提供等の活動により得られる収益・非拘束性寄附金・長期投資収益とコスト），このボトムラインが純利益に相当する価額となる。

基本目的の達成につき，非拘束区分の費用・収益の表示要素により，用役提

図2　非拘束・一時拘束・永久拘束の3区分とする基準（概要）

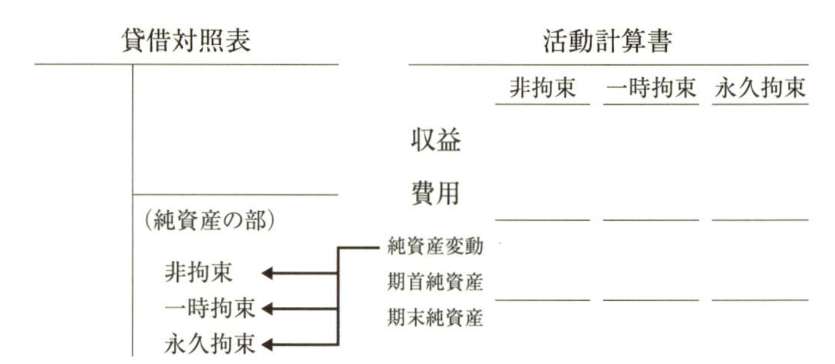

供努力・成果の査定が可能となる。また各区分のボトムラインにおいて純資産増減額が表示され，当期活動の結果としての財務的生存力を査定することが可能となる。さらに貸借対照表／純資産の部の価額によって，長期的な財務的生存力の査定を行うことができる。

3. 4　インフロー／アウトフローの2区分とする表示基準

資産負債アプローチに基づく別の類型として，国際公会計基準審議会（International Public Sector Accounting Standards Board；IPSASB）の規定にみられるように，フロー計算書においてインフローとアウトフローを最大区分とする表示基準を設定することができる[5]。

これは，損益的インフローと資本的インフローを一括して表示し，損益的アウトフローと資本的アウトフローを一括して表示する様式である。即ち，インフローの区分において，経常的な活動によって生じる損益的インフローと長期的な活動遂行の財源となる資本的インフローが表示され，アウトフローの区分において，経常的活動で生じる損益的アウトフローと資本的アウトフローが表示される（ただし資本的アウトフローはほとんど見られない）。そして計算書のボトムラインは，会計期間におけるすべての純資産変動額である。当該計算書お

図3　インフロー／アウトフローの2区分とする表示基準（概要）

貸借対照表		フロー計算書
		損益的インフロー
		資本的インフロー
		当期インフロー合計
（純資産の部）		損益的アウトフロー
		資本的アウトフロー
		当期アウトフロー合計
		当期活動増減差額
		前期繰越活動増減差額
次期繰越活動増減差額	←	次期繰越活動増減差額

よびこれと連携する貸借対照表／純資産の部の表示の概略は，図3で示されたとおりである。

図のように，フロー計算書において，損益的フローおよび資本的フローが，インフローとアウトフローの区分に内訳表示される。そして，ボトムラインは会計期間におけるすべての純資産変動額であり，これが，貸借対照表／純資産の部と連携する。即ち当該表示基準では，収益および資本的収入が一括して表示され，これと対応してサービス提供のための費用および資本的支出（固定資産形成分を除く）が一括して表示される。また，ボトムラインとして，当期の純資産変動額が表示され，これが，財務的生存力査定の基本目的を達成するための指標となる。

そして本類型は，アウトフローが一括表示されるため，用役提供努力査定の基本目的達成にとって有用となる。ただし純利益が表示されないことから，損益的フロー／資本的フローの2区分とするタイプと比較した場合，企業会計の損益計算書との近似性において劣ることになる。

3. 5　純利益をボトムラインとする表示基準

以上で説明されたのは，資産負債アプローチを前提とし，全ての純資産変動を捕捉するフロー計算書と，ここでの特定科目およびボトムラインが振り替えられた貸借対照表／純資産の部の表示基準の類型であった。既に第2章で，資産負債アプローチが，収益費用アプローチと比べて非営利組織会計の基本目的を達成するのに妥当であると結論付けたが，収益費用アプローチに基づくフロー計算書および貸借対照表の表示基準についても類型に含め，その利点と欠点を検証する。その事由は，類型の一つである損益的フロー／資本的フローの2区分とする表示基準において，上段の損益的フローの区分が，ここで考察しようとする表示基準と一致するためである。つまり，純利益をボトムラインとする表示基準の有用性が明確になれば，損益的フロー／資本的フローの2区分とする表示基準が，一層有用であることが明らかとなる。

収益費用アプローチを前提としたフロー計算書においては，純利益がボトム

図4　純利益をボトムラインとする表示基準（概略）

収益：
　寄附金（拘束性なし）
費用：
―――――――――――――
純利益（損失）

ラインであり，当該価額とその構成要素によって，用役提供努力・成果の査定が可能となる[6]。寄附金・補助金については，当期の活動のために受け取った拘束性のないもののみが表示される。また，アウトフローは，棚卸資産，前払金，資本的支出などを除いた，当期の活動に資するコストである。そして，ここに表示されないフローは，その他の包括利益を構成する要素となる。表示の概略は，図4で示されたとおりである。

会計処理において複式記入を前提とする場合，すべての純資産の変動が捕捉され，計算書に誘導される。このため実質的には，純利益をボトムラインとする計算書と，それ以外との，ツーステートメントになる。そして純利益をボトムラインとする計算書では，用役提供努力・成果の査定が可能となるが，非営利組織会計の主要な基本目的のもう一つは，財務的生存力の査定であり，これには資本的フローの表示も必要となる。したがって当該表示基準では，後者の基本目的が達成できないことが明らかである。

4. 非営利組織会計に適用されるモデル表示基準の措定

以上により，非営利組織会計におけるフロー計算書および貸借対照表の表示基準につき，現行の基準に基づいて類型化が行われた。このうち4つのタイプについては，資産負債アプローチを前提としてすべてのフローを表示するものであった。また類型のひとつに，収益費用アプローチを前提とする表示基準が加えられた。

そこで本節では，各類型に内在する問題点を明らかにしながら，「モデル会計基準の開発アプローチ」の前提となるモデル表示基準の措定を目指す。序章で説明されたとおり，社会科学研究においては，考察の対象を「目的―手段」の関連（目的論的関連）の観点から分析することで目標仮説が設定され，当該妥当性の結論が導出される。したがって，妥当性がある「手段」として設定される表示基準においては，「目的」としての財務的生存力査定と用役提供努力・成果査定の達成能力を見きわめる必要がある。そこで以下では，非営利組織会計の基本目的をみたす，手段としてのモデル表示基準の措定を図る。

4. 1　類型化された表示基準に対する除外

本項では，第3節で類型化された財務諸表の各表示基準のなかで，非営利組織会計の基本目的，即ち財務的生存力の査定および用役提供努力・成果の査定を達成するうえで，重要な問題点が内在する基準とその事由を明らかにする。このような基準として，ここでは，本業・本業外・特別の収支3区分とする表示基準（社会福祉法人会計および学校法人会計），一時拘束のフローを区分に加える表示基準（FASB第117号），および純利益をボトムラインとする表示基準が取り上げられる。これらに伏在する問題点を明らかにし，会計基準統一化のためのモデル表示基準を選択するための除外を行う。

4. 1. 1　本業・本業外・特別の収支3区分とする表示の問題点

前節（3.2）で説明されたとおり，わが国社会福祉法人会計および学校法人のフロー計算書は，3つの最大区分，即ち，活動増減の部・活動外増減の部・特別増減の部によって表示される。これは，企業会計／損益計算書における3区分（営業損益・営業外損益・特別損益）と同様である。計算書において，上段から2つの区分の増減については，経常増減差額（学校法人会計では経常収支差額）として小計が表示される。そして，ボトムラインにおいて当期活動増減額（学校法人会計では基本金組入前当年度収支差額）が表示され，当該価額によって，財務的生存力の査定が可能となる[7]。

ここで問題点として指摘できるのは，特別収入の区分において，資産売却差益が表示される一方で，施設整備寄附金・補助金が含まれることである。即ちこの区分では，当該期間に対応するフロー（損益的フロー）と，長期的に影響を及ぼすフロー（資本的フロー）とが混在して表示される。

当該表示基準のように経常性の有無を重視する区分において，固定資産売却益が特別収支の区分に表示されることに問題はない。しかし，拘束性のある施設整備寄附金・補助金は，毎期において経常的に生じている資本的インフローであり，サービス活動増減の部に表示されるべき科目である。即ち，特別収支に区分されながら，その内実からは，経常的に生じている施設設備などの増減に係るフローにカテゴライズされるべきである。したがってここでは，経常性の査定を，毎期において経常的に生じるインフローを欠いた収支額によって行うことになる。

こうして，企業会計と同様に経常性の有無を重視し，本業・本業外・特別の3区分表示にすると，拘束性があるものの経常性も具備する寄附金・補助金収入が，経常的フローに区分されないという問題が生じる。そして，これを本業収支の区分に含めると，ここにおいて損益的フローとの混在が生じることになる。

また別の問題点として，非営利組織会計の重要な基本目的の一つが用役提供努力・成果の査定であるが，本業・本業外・特別の収支3区分とすることで，インおよびアウトフローが3箇所に分散表示されてしまい，当該査定が困難になることが想定される。とくに，用役提供努力の査定は，費用の表示によって十分に達成されるものであり（FASB［1980］, par.53），本業・本業外・特別の各部に特質上分類される。しかし，これが3箇所に分離されてしまうと，用役提供努力の全体的な把握が困難となるおそれがある。

これに対し，公益法人会計基準の正味財産増減計算書の場合，指定正味財産増減と一般正味財産増減の部に2区分されるが，固定資産支出が対象外であるため，アウトフローの殆どは一般正味財産増減の部に表示される。指定正味財産増減の部に表示されるアウトフローの科目は，基本財産評価損，特定資産評価損などに限定される。この場合には，アウトフローがほぼ一括で表示されるため，用役提供努力の査定が3区分の基準よりも容易となる。

したがって，本業・本業外・特別の収支3区分には上述のような問題点があり，本研究においては，表示基準統一化を指向するモデル基準の様式から除外することとする。

4．1．2　一時拘束純資産の区分表示の問題点

FASB［1993］が規定するフロー計算書は，前節（3.3）で説明されたとおり，永久拘束・一時拘束・非拘束に3区分して表示され，ボトムラインとしてそれぞれの当期変動額が表示される。また，表示のオプションとして，マトリックスの横軸において3列（合計を含めると4列）に区分される様式がある。これらの区分は，使途拘束の度合によって分類されたものである。

ここで特徴的な表示といえるのは，純資産および当該変動に対して，一時拘束の区分を設定したことである。FASB財務会計概念書第6号『財務諸表の構成要素』（1985）によれば，非営利組織の純資産のうち，時の経過によって消滅せず，また組織体の行為によって遂行されるか除去されることがない，寄贈者によって課せられた規定によって，その組織体による使用が一時的に制限されるような寄附その他の資産の流入が，一時拘束純資産の変動である（FASB［1985］，pars.93-98）。

FASBにおける一時拘束純資産の規定の経緯は，藤井［2004a］において詳しく説明されている。即ち，前受金としての寄附は，一定の使途拘束が付されている点で通常の収益とは異なり，付された拘束が一時的なものである点で基本財産贈与のような資本に対する寄附とも異なっているため，FASBスタッフによって考案されたのが，一時拘束純資産という新しい持分クラスである[8]。

しかし，第2章（5.3）で説明されたとおり，非営利組織が前受した寄附金・補助金は，寄附者・出資者への返済義務がなく法的権利が移転するものである。そこでは，特段の契約事項がないかぎり弁済義務が生じず，会計理論的にも，寄附金・補助金において，反対給付である資産減少が将来的に生じないため，負債としての特質を持たないインフローと考えるべきである[9]。

また，表示基準の統一化の観点からは，マトリックス表示のタイプは適切で

ないと判断できる。企業会計の財務諸表では，横軸に大区分を設定するのではなく，縦軸で構成要素を区分するのが一般的である。当該年度に対する非拘束の寄附金と，拘束性のある固定資産への寄附金とは，横軸で寄附金収入として表示するのではなく，縦軸で区分ごとに表示すべきと考える。

以上のように，非営利組織会計における寄附金・補助金収入の負債性については，制度的・理論的に正当化が困難であるため，モデル会計基準として，一時拘束純資産を含む3区分の表示基準とするのは適当でないと判断する。

4. 1. 3　純利益をボトムラインとする表示の問題点

次に，収益費用アプローチを前提とし，ボトムラインを純利益とする表示基準の問題点について考える。非営利組織会計のフロー計算書は，営利を優先しない特質に起因し，収益に対して費用の価額が大きくなる可能性が企業会計と比べて高い。かりに差額がマイナス（費用超過）の場合，それは，資本的フローとしての寄附金や補助金などで賄うことが可能な価額となる。そして，トータルとしての当期純資産変動額がプラスであれば，貸借対照表／純資産の部の総額が，前年度に対し維持されることになる。

ところが，純利益がボトムラインである計算書では，補填されるべき価額は把握できるものの，当該価額が資本的フローによって賄われているかを把握することができない。そのため，その他の包括利益の価額が純損失を下回っている場合には資本維持に影響を与え，組織の存続が確保できない可能性が高まる。したがって，財務的生存力の査定を達成するためには，ボトムラインに当期純利益を表示することは適切でないと判断できる。

他方で，用益提供努力・成果の査定の基本目的については，当該表示基準によって達成することが可能である。当期における努力の結果が費用科目に表示され，成果が収益科目として表示される。計算書のボトムラインには，当期の活動に起因する所の純資産変動額が表示されて，業績としての用益提供努力・成果を査定することができる[10]。

4. 2　非営利組織会計の基本目的を達成するモデル表示基準

以上の考察において，重要な問題点が指摘されなかった類型は，損益的フロー／資本的フローの2区分とする表示基準と，インフロー／アウトフローの2区分とする表示基準の2つのタイプである。そこで，非営利組織会計基準の統一化のためのモデル表示基準を設定するために，財務的生存力および用役提供努力・成果の査定の基本目的に対し，2つの表示タイプが妥当であるかについて以下で考察する。かかる考察を通じて表示のモデル基準が設定されれば，これに基づいて個々の会計基準を整合的に改正していくことが可能となる。

4. 2. 1　財務的生存力査定の基本目的を達成する表示基準

まず，財務的生存力査定の基本目的を達成するために妥当な表示基準について考える。第2章で説明されたとおり，当該査定を可能とするのは，フロー計算書においてはボトムラインである当期純資産変動額であり，貸借対照表においては純資産の部の期末価額である（第2章第2節にて説明)。したがって2つの表示タイプともに，フロー計算書のボトムラインが当期における純資産の変動額であるため，財務的生存力の査定が可能である。

次に，2つの表示タイプの重要な相違点として，損益的フロー／資本的フローの2区分とする表示基準において，小計に純利益が表示されることに着目する必要がある。企業会計においては当期利益が配当と等しい場合，非営利組織ではすべてのインフローと費用が等しい場合に資本維持が達成される（資本的アウトフローは相対的に些少)。そして当該達成により，当期の活動において財務的生存力が維持できたことが確認できる。また，純利益の価額がマイナスである場合には，当期の活動業績が財務的生存力に与える影響を知ることができる。

そこで，損益的フロー／資本的フローの2区分とする表示タイプのみに純利益が表示されるため，インフロー／アウトフローの2区分とする表示基準に対する機能面での優位性が存在することになる。

ただし，非営利組織会計は利益の最大化を第一義としないため，純利益の価額が重要な活動業績の評価指標とはなりにくい。むしろ純利益が多額となった場合，受益者に対するサービス提供が十分でないと判断される可能性すらある。即ち純利益が少ない方が，受益者がサービスを多く受取ったことになる[11]。したがって，収益獲得を目途としない非営利組織では，寄附金・補助金が最も重要な財源であり，活動業績を表す純利益の表示は，純資産増減額に比べると有用にならないと判断できる。計算書において，資本的フローの増減が純利益の下段において表示され，ボトムラインで当期純資産変動額が表示されることで，はじめて当期資本維持の達成と財務的生存力の査定が可能となる。

さらに非営利組織会計では，資本的フローといえども，拘束性が解除されれば損益フローに振り替えられてしまう。企業会計のように，拘束性を具備する資本的フローを貸借対照表／純資産の部に直接誘導して資本の堅固化を図るのと対照的である。このため，貸借対照表／純資産の部の価額の推移についても，財務的生存力査定にとって有用な情報となる。

以上の論考により，財務的生存力の査定には，小計である純利益よりも，ボトムラインである当期純資産変動額の方が一層有用であることが明らかとなる。純利益による資本維持の査定の機能が，企業会計と比較した場合に有用とはならないのである。この点から，損益的フロー／資本的フローの2区分とする表示基準の，インフロー／アウトフローの2区分とする表示基準に対する優位性は，当期における名目資本維持の目安の把握に限定されることになる。

4. 2. 2　用役提供努力・成果査定の基本目的を達成する表示基準

次に，用役提供努力・成果査定の基本目的を達成するために，妥当となる表示基準について考察する。当該査定を可能とするのは，主にフロー計算書における損益的フローの情報である。そして用役提供努力の査定については，コストの情報を表示することにより達成が可能である。ところが，成果の査定については，FASBが，期間における価額を測定する能力が未開発であるという見解を示している（FASB［1980］，par.53）。

この点につき，本研究における考察（第2章第5節）では，成果である補助金・寄附金などのインフローは，過去の努力に対する成果とみなすことができ，すべてのインフローについて，成果の指標とすることが可能と考えている。寄附者や政府機関は，組織の当期業績に関する情報を取得できないため，過去の業績に基づいて支出の意思決定を行うことになる（第2章・図1参照）。そしてこの結果もたらされたインフローが，非営利組織における当期の成果となる。

組織における成果を以上のように考えれば，損益的フロー／資本的フローの2区分とする表示基準，およびインフロー／アウトフローの2区分とする表示基準はともに，すべてのインフローとアウトフローが表示されるため，用役提供努力・成果査定の基本目的を達成するのに妥当な表示基準とみることができる。

ただし，2つのタイプの表示には重要な相違があり，前者はインフローとアウトフローが交互に表示されるのに対し，後者はそれぞれが一括で表示される。前者の表示様式の場合，損益的アウトフローと資本的アウトフローとの間に資本的インフローが挿入されることに留意すべきといえる。

非営利組織においては，活動のための支出の削減による提供サービス劣化が懸念されるため，一会計期間においてどれだけ用役提供努力が為されたかの情報が最重要となる。例えばFASB［1980］では，「用役の費用を測定する技術は十分に開発されており，この情報は通常，財務諸表に含まなければならない。」と規定されている（FASB［1980］，par.52）。またアンソニーも，非営利組織はサービスを提供するために存在しているので，当該価額を優先して表示すべきと考える[12]。

そこで，費用を一括で表示する基準（即ち，インフロー／アウトフローの2区分）が，2つに区分する基準（即ち，損益的フロー／資本的フローの2区分）よりも，用役提供努力の査定にとっては有用となる可能性が高いと判断される。

5. おわりに

以上のとおり本章では，資産負債アプローチを前提としたFASBの表示基準の妥当性について確認したうえで，これに基づく財務諸表の表示基準の類型化

が図られ，複数の代替案が設定された。即ち，わが国非営利組織会計，および
これに影響を与えたアメリカの非営利組織会計の表示基準を参酌しながら，会
計の基本目的を達成する，次の5つの表示の類型が示された。

・損益的フロー／資本的フローの2区分とする表示基準
・本業・本業外・特別の3区分とする表示基準
・非拘束・一時拘束・永久拘束の3区分とする表示基準
・インフロー／アウトフローの2区分とする表示基準
・純利益をボトムラインとする表示基準（収益費用アプローチに基づく）

このなかで，「本業・本業外・特別の3区分とする表示基準」については，
拘束性があるものの経常性も具備する寄附金・補助金収入が，経常的フローに
区分されないという問題が生じること，および3区分とすることで，インおよ
びアウトフローが3箇所に分散表示されてしまい，用役提供努力の査定が困難
となることへの懸念が問題として示された。

「非拘束・一時拘束・永久拘束の3区分とする表示基準」については，非営
利組織における寄附金・補助金収入の負債性を制度的・理論的に正当化するこ
とが困難なため，モデル会計基準として，一時拘束純資産を含む3区分の表示
基準とするのは適当でないと判断された。

また「純利益をボトムラインとする表示基準」については，財務的生存力の
査定にとって有用とならないこと，および資本フローによって補填されるべき
価額は把握できるものの，当該価額が実際に賄われているかを把握できないこ
とが指摘された。

そして，財務的生存力および用役提供努力・成果の査定の基本目的達成にお
いて重要な問題点が顕在化しなかった，「損益的フロー／資本的フローの2区
分とする表示基準」および「インフロー／アウトフローの2区分とする表示基
準」の2つの表示タイプの妥当性が考察された。

財務的生存力の査定には，小計である純利益よりも，ボトムラインである当

期純資産変動額の方が有用な情報となる。この点から，純利益が小計で表示される損益的フロー／資本的フローの2区分とする表示基準の，インフロー／アウトフローの2区分とする表示基準に対する優位性は，当期における名目資本維持の目安の把握に限定されることが説明された。

また，用役提供努力・成果の査定には，会計期間における費用の情報が最重要となる。そこで，費用を一括で表示するインフロー／アウトフローの2区分とする表示基準が，費用を2つに分離して表示する損益的フロー／資本的フローの区分とする表示基準よりも，用役提供努力の査定に有用となる可能性が高いと結論付けられた。

以上により，損益的フロー／資本的フローの2区分とする表示基準と，インフロー／アウトフローの2区分とする表示基準は，ともに，財務的生存力の査定および用役提供努力・成果の査定に有用であることが明らかとなった。そこでこのことを踏まえ，第4章において，企業会計との統一化を指向した，モデルとなる非営利組織会計の表示基準を設定する。

注

[1] ここで，「表示基準」と「表示様式」について予め触れておきたい。筆者の想定として，表示基準は，概念書や基準書の諸規定を指し，表示様式は，当該規定から演繹的に導出される具体的な財務諸表の様式を指す。

[2] 川村［2005］，231頁。

[3] 非営利組織は，寄附者に対してその見返りを提供する義務を負わないため，寄附はすべて，寄附者の意図に関係なく，それを受領した期間の「包括利益」(comprehensive income) の一部となる（藤井［2004a］，99頁）。

[4] 藤井［1998］によれば，永久拘束純資産には，利用目的が限定され，永久的な運用収入を得ることを目的に寄贈された資産（いわゆる基本財産）が含まれる。一時拘束純資産には，特定の期間に投資期間が限定された資産，特定の将来期間に利用期間が限定された資産が含まれる。また，非拘束純資産には，サービス提供等の事業活動から得られる正味期間収益，非拘束の寄附金，投資資産の運用益が含まれる（藤井［1998］，19頁）。

[5] IPSASB［2006］,p.80.IPSASBは，国際会計士連盟(International Federation of Accountants; IFAC) において設置された基準設定機関である。

[6] 貸借対照表／純資産の部との連携構造において，計算処理を一取引一仕訳とすれば，拘束

性のある寄附金などの資本的フローは，直接に貸借対照表に表示されることになる。また，一時拘束に相当するフロー価額については，直接的に貸借対照表／負債の部に表示される。資産負債アプローチを前提とするFASBの活動計算書では，永久拘束・一時拘束・非拘束3区分が設定されたが，収益費用アプローチを前提とすれば当該設定を要しない。後者では，フロー計算書において活動業績の査定が第一義とされるため，永久拘束に相当するフロー価額は，直接的に貸借対照表／正味財産の部に表示されるべきである（企業会計の資本直入に該当）。また，一時拘束に相当するフロー価額については，直接的に貸借対照表／負債の部に表示されることになる。

[7] 社会福祉法人会計の事業活動計算書では，ボトムラインである当期活動増減額において，すでに基本金組入額が差し引かれている。しかし，これは貸借対照表／純資産の部への振替額であり，資本維持には影響を及ぼさない。ただし，財務的生存力の査定においては，ボトムラインのみならず当該組入の価額を注視する必要がある。

[8] 藤井［2004a］，96-97頁。ただしアンソニーは，こうした3区分に否定的であり，非拘束純資産に限ってみれば，そこに多くの資本取引が含まれており，当該変動は不均一な情報の統合であるため，資源提供者にとっての意思決定有用性を欠くものと考える（同稿，97頁）。

[9] 期待されたサービス提供ができない場合でも当該前受金の返還を寄附者から要求されることはないため，前受金が負債ではないという見解がFASBからも示されている（藤井［2004a］，96頁）。

[10] 第2章において，資本的フローについても，過去の努力に対する出資者からのインフローであるため収益性を具備する旨が説明された。ただし当該インフローは，過去の業績にも対応するものであり，当期業績の査定のみに作用するものではない。

[11] さらに，内部情報としての有用性の観点から見ると，管理者は，支出に対する予実算の管理を重視するため，業務インフローからコストを差し引いた純利益については，業績管理の尺度としての有用性に乏しいと判断される可能性がある（池田［2007］，113頁）。

[12] 非営利組織はサービスを提供するために存在しているので，提供されたサービスの価額を測定して開示すべきと考える（同上書，113頁）。

第4章　企業会計との統一化を指向したモデル表示基準の設定

1. は　じ　め　に

第3章までの考察により，企業会計との統一化を指向した非営利組織会計の表示基準設定においては，資産負債アプローチを前提とし，損益的フロー／資本的フローの2区分とする表示基準か，もしくはインフロー／アウトフローの2区分とする表示基準が，財務的生存力の査定，および用役提供努力・成果の査定（以下，業績評価と記す場合もある）に有用となる可能性が高いことが説明された。

そこで本研究における最終段階として，本章では，これまでの考察を敷衍しながら，第1章で説明された「モデル会計基準の開発アプローチ」，即ち新たに開発された，モデルとなる会計基準に基づき各会計基準を整合的に改正していくアプローチを実施可能とするために，企業会計との表示の統一化を指向するモデル会計基準（モデル表示基準）を設定する。

即ちモデル表示基準の導出を目途に，まず第2節では，複数の基準が並び立つ非営利組織会計の，企業会計との統一化の意義および動機事項について，これまでの論考（序章および第1章）を整理して説明する。またこの節では，統一化のために妥当と判断された表示基準の類型（第3章にて措定）についても説明する。次に第3節では，アメリカ非営利組織会計概念書で規定された財務諸表の「基本目的」につき，企業会計と調整すべき相違点を把握する。そして第

4節で，企業会計との統一化を指向して設定された表示基準の妥当性検証のための社会科学的研究方法につき説明する（序章での説明を具体化）。そのうえで第5節において，当該研究方法に基づいてモデル表示基準を措定し，表示基準統一化のための当該適用の妥当性を検証する。

こうして，本章で導出された結論，即ち設定されたモデル表示基準に基づき，結章では「モデル会計基準の開発アプローチ」に沿って，各表示基準（公益法人会計・社会福祉法人会計・NPO法人会計・学校法人会計，および第5章で措定される政府会計の表示基準）を整合的に改正していくアプローチを行う。

2. 企業会計との表示基準統一の意義とモデル表示基準

上記において説明された本章の流れに沿い，本節では，法人形態ごとに存在する非営利組織会計を企業会計と統一することの意義について，序章および第1章で行われた論考をあらためて整理する。そのうえで，統一化を指向した非営利組織会計の表示基準の措定を進めるため，第3章において選択された，候補となる「モデル表示基準」の内容について説明する（出典は本文中に示す）。

2. 1　企業会計との統一化を指向する意義

序章および第1章で詳しく述べられたとおり，現在わが国においては，非営利組織による社会支援の重要性が増している。JICPA［2013］によれば，わが国における政府の財政健全化への強い要請とともに，福祉・医療分野などの政策への重点転換がみられ，非営利組織が担う役割に期待が寄せられている。そして，組織が外部から様々な形で資源提供を受けつつ目的達成のために活動を進めるには，説明責任が適切に果たされる必要があり，開示される会計情報の一層の充実が要請される。

ところが，非営利組織における活動を記録・測定して情報を外部に開示する財務会計については，法人形態ごとに適用される会計基準が異なり，かつその設定主体も別々であるため，各財務諸表を分析しようとしても，その横断的理解が難しい状況となっている。とくに外部の情報利用者にとって，複数会計基準の専門的知識を有することが困難であるため，簡便性が阻害される可能性がある。こうした状況に至ったのは，各会計基準が所轄官庁によって設定・改正されてきたこと，管理・監督する際の利便性が重視され一般の情報利用者のニーズに応えることに主眼が置かれなかったことに起因する。つまり，法人形態ごとに事業内容が明確に異なり，政府補助金が主たる資金源であるため民間の資金提供が限定的であることから，組織による独自の会計基準設定に合理性があったものと斟酌される。

しかし，非営利組織を取り巻く外部環境は，民間からの資源提供を不可避とするところまで変化している。非営利組織は不特定多数の国民に対して公益サービスを提供するため潜在的な寄付を求めていること，多くの国民や納税者によるガバナンス参加が求められていることなどの理由から，公益法人会計の情報利用者として，理事者，会員，寄付者等の直接の利害関係者と所管官庁だけでなく，国民や納税者といった人々を幅広く想定していく必要に迫られている（川村［2005］，226頁）。したがって，非営利組織への民間からの資源流入を促して自立した経営を達成するためには，資源提供者のニーズに応え得るように，法人形態を横断する共通の会計基準が必要となってくる。統一的な計算および表示規定に基づく財務諸表を定立することで，法人形態にとらわれることなく資源提供の意思決定を行うことが可能となるのである。

そこで海外に目を転じると，アメリカやイギリスではわが国と対照的に，非営利組織会計基準の設定主体が企業会計と同一である。当該機関においては，非営利組織会計を専門的に取り扱う組織が別途に設置され，ステークホルダーのニーズを調整・反映する体制が整えられている。即ちこれらの国では，企業会計の基準を基礎としつつ，非営利組織の情報ニーズや固有の特性を反映したうえで，会計の規制が設定されるのである。より具体的には，財務報告目的や想定利用者についての営利企業と非営利組織の違いを明確にし，これを勘案しつつ企業会計の概念フレームワークおよび会計基準を一部修正する方法が採用されている。

アメリカ財務会計基準審議会（Financial Accounting Standards Board；FASB）の概念書第4号『非営利組織体の財務報告の基本目的』（1980）では，「いかなる特定種類の実体（例えば，非営利組織体または営利企業）についても独立した概念フレームワークを形成する必要はない」（FASB［1980］，par.1）とし，「実体に対して目的適合性を有し，かつ一定の形態の実体にのみ適用されるような異なる報告の基本目的および諸概念のいずれについても適切な考慮を払うような，一つの統合された概念フレームワークを形成する」（FASB［1980］，par.1）ことを目標に掲げるべきと考える。また，概念フレームワークの統合を図るために，企業会計との基本目的の差異につき考察することが「はなはだ有用」（FASB［1980］，par.1）としている。即ち，企業会計に対し特別な取り扱いをすべき領域を明らかにしつつ，これを斟酌して可能な限り統合化された概念フレームワークおよび会計基準を設定すべきとFASBは考えるのである。

したがって，企業会計の諸概念・基準を基礎として非営利組織会計のそれを設定することにより，企業会計の専門知識による情報の査定が可能となる。企業会計に係る制度・基準の専門知識は，今日において広く共有されるものであり，かつ専門家並びに情報利用者が多数に及ぶことから，非営利組織会計がこれとの統一化を図ることで，財務諸表の横断的理解が一層容易になる。企業会計の専門知識による，非営利組織会計の全般的利用が可能となるのである。

2. 2　統一化を指向するモデル表示基準

以上で説明された，企業会計との基準統一化の本義を具現化させるため，本研究においては「モデル会計基準の開発アプローチ」に沿い（第1章にて説明），モデルとなる表示基準を設定したうえで，非営利組織会計の各表示基準（公益法人会計・社会福祉法人会計・NPO法人会計・学校法人会計，および政府会計の表示基準）を整合的に改正していくアプローチを採ろうとしている。そのため第3章において，「モデル表示基準」を導出するための表示基準の類型化が図られ，2つのタイプの表示基準が選択された。

まず，基準の類型化にあたっては，わが国で公表された非営利組織会計の表示基準をベンチマークとしてその特質を分析し，財務諸表の区分体系と構成要素に着目しながら4つのタイプが設定された。また，用役提供努力・成果の査定おいては有用と考えられる，収益費用アプローチに基づいた表示基準についても，類型の一つに加えられた。そして，各類型に内在する問題点について考察し，選択を行った結果，重要な問題点が顕在化しなかったタイプとして，「損益的フロー／資本的フローの2区分とする表示基準」と，「インフロー／アウトフローの2区分とする表示基準」の2つが選択された。

選択プロセスにおいては，まず「本業・本業外・特別の3区分とする表示基準」について，拘束性および経常性が並存する寄附金・補助金収入が，経常的フローに区分されないという問題が生じること，および3区分とすることでインおよびアウトフローが3箇所に分散表示されてしまい，用役提供努力・成果の査定が困難となる懸念があることが示された。また「純利益をボトムラインとする表示基準」については，財務的生存力の査定にとって有用とならないこと，資本フローによって補填されるべき価額は把握できるものの当該価額が実際に賄われたかを把握できないことが，問題として指摘された。

さらに第3章では，残された2つのタイプの優劣についても言及された。会計の基本目的である用役提供努力・成果の査定には，費用に関する情報が最も重要となる。そこで，基本財産評価損などの資本的フローを含む費用を一括で表示するインフロー／アウトフローの2区分とする表示基準の方が，費用を2つに分離して表示する損益的フロー／資本的フローの2区分とする表示基準よりも，用役提供努力の査定に有用となる可能性があるものと，一応の経過的結論が示された。

こうして第3章の考察結論として，「損益的フロー／資本的フローの2区分とする表示基準」と，「インフロー／アウトフローの2区分とする表示基準」とが，ともに財務的生存力の査定および用役提供努力・成果の査定にとって有用であり，かつ後者がやや優位であることが明らかとされたのである。

3. アメリカ非営利組織会計概念フレームワークにみる企業会計との基本目的の相違点

以上により，非営利組織会計と企業会計の統一化を指向する意義，および統一化のためにモデルとなる表示基準について，これまでの考察が説明された。そこで次には，統一化を指向した表示基準を措定するための篇首として，企業会計との基本目的の相違点を，概念フレームワークに基づいて明らかにする[1]。そのために，企業会計の概念フレームワークを基礎としつつ非営利組織会計固有の特性を反映させた，FASB概念書第4号の規定を概観する[2]。そして財務諸表の表示に係る部分のなかで，企業会計との重要な相違があるために修正された事項について明らかにする。そのうえで，統一化のために調整すべき当該事項の内容について説明する（本節では，FASB概念書第4号からの引用および参照については，本文中カッコ書きでパラグラフ番号のみを示す）。

3. 1　FASB概念書第4号にみる企業会計との基本目的の相違点

FASB概念書第4号は，概念書第1号『営利企業の財務報告の基本目的』(1978）の内容を継承し，「いずれ（営利企業と非営利組織体）の基本目的も，財務会計および財務報告の諸概念および諸基準がその意思決定有用性に基づくべき」(par.67，カッコ内筆者）という考え方が基底に存在する。そして，情報利用者の類型および彼らが行う意思決定の類型，および彼らの情報ニーズを満たすのに役立ちうる財務報告の提供情報に焦点を当てて，基本目的が設定されている（par.67)。

ここで，本考察の課題は，企業会計との統一化を指向するために財務諸表を如何なる表示とすべきかである。そこで，利用者の情報ニーズを満たすために役立ちうる財務報告の提供情報に焦点を合わせた基本目的につき，企業会計との相違点を確認したい。FASBが示した，財務報告の提供情報に関する基本目的の相違点は，表1に示す4点に整理される。

表において，最も相違が顕著な点は，業績評価の中心的尺度についてであ

表1　FASB概念書における非営利組織体と営利企業の基本目的の相違点（提供情報に関するもの）

FASBが示す基本目的		基本目的の相違点
非営利組織体（概念書第4号）	営利企業（概念書第1号）	
経済的資源，債務，純資源に関する情報を提供しなければならない（par.44）。	経済的資源，債務，出資者持分に関する情報を提供しなければならない（par.41）。	用語の相違を除いて，基本目的は同じである。
純資源変動の期間的測定と用役提供努力及び成果の情報は，業績を評価するのに最も有用な情報となる（par.47）。	稼得利益及びその内訳要素の測定により提供される業績の情報に焦点を合わせている（par.42-43）。	非営利組織体における業績評価は，中心的尺度としての稼得利益が存在しない。
現金やその他の流動資源の獲得と費消の情報，借入金の借入と返済について情報，流動性に影響を与える要因などの情報を提供しなければならない（par.54）。	現金調達と支出方法，借入及びその弁済，現金配当など資本取引，流動性や支払能力に影響を及ぼす要因の情報を提供しなければならない（par.49）。	現金配当やその他の分配を受ける権利が与えられた所有者請求権が存在しないことを反映する用語などの相違を除き，基本目的は同じである。
財務情報を利用者が理解するのに役立つ説明・解釈を含まなければならない（par.55）。	財務情報を利用者が理解するのに役立つ説明・解釈を含まなければならない（par.54）。	基本目的は同じである。

出所：FASB［1980］，par67に基づき筆者が作成。

る。営利企業における情報の中心が稼得利益（本研究では以下純利益と称する）であるのに対し，非営利組織では純資源変動の期間的測定額が中心となる。

企業活動においては，利益獲得が第一義とされるため，提供される純利益および内訳要素の情報が，業績評価に資するものとなる。これに対し非営利組織では，用役提供の努力と成果がどのようなレベルにあるか，純資産価額変動の結果として財務的に存続することが可能であるかの査定が会計の基本目的となる。したがって，財務諸表の表示に関する当該目的について，企業会計との重要な相違点は，業績評価の中心的尺度が純資産変動額および用役提供努力・成果の価額であり，純利益ではないことである。

3. 2　非営利組織会計における純利益表示の妥当性

こうして明らかにされた，概念フレームワークの相違点について，これを本考察のテーマである表示統一化の問題に引き寄せると，非営利組織の業績評価（および財務的生存力の査定）のための主たる表示項目が純利益ではないため，当該表示の妥当性につき検証することが考察の焦点となる。とくに損益的フロー／資本的フローの2区分とする場合には純利益が表示される。そこで，非営利組織会計における純利益表示の有用性を明らかにできれば，当該2区分の表示基準が定立され，さらに企業会計と近似的なフロー計算書の様式とすることができる。

ただし，第3章の考察では，非営利組織会計の最も重要な基本目的である財務的生存力の査定において，ボトムラインが純利益ではなく，当期純資産変動額である方が一層有用であることが説明された。理由の1点目は，非営利組織は収益獲得を第一義としないため，純利益がマイナスもしくは少額となる可能性が高いことである。そして2点目は，純利益に対して最終的に拘束性のある寄附金・補助金などの資本的フローが加算されてボトムラインである当期純資産変動額が表示され，これがプラスであれば，貸借対照表／純資産の部が前年度から減少しない（資本維持が達成される）ことである。

さらに第3章では，「インフロー／アウトフローの2区分」としてそれぞれを一括で表示する方が，「純利益／その他の包括利益の2区分」とするよりも，用役提供努力の査定に有用となることが説明された。即ち，純利益が表示される表示様式の場合，損益的アウトフローと資本的アウトフローとの間に資本的インフローが表示される。ところが非営利組織においては，活動のための支出の削減による提供サービス劣化が懸念されるため，一会計期間においてどれだけ用役提供努力が為されたかの情報が最重要となる。そこで，アウトフローを一括で表示する基準（即ち，インフロー／アウトフローの2区分）が，用役提供努力の査定に一層有用と考えられる。

したがってここまでの考察においては，企業会計との表示基準の統一化を達成するために純利益表示が有用となるが，概念フレームワークで規定された基本目的を達成するには，純利益の表示が妥当と必ずしも断定できないものと判断される。

4. 統一化を指向する表示基準の妥当性検証の方法

以上のように，FASBにおける非営利組織会計の概念フレームワークが企業会計のそれを基礎とする一方で，表示に関する基本目的の重要な相違点として，純利益ではなく純資産変動額が査定の中心的尺度であることが示された。本節では，かかる表示の差異を斟酌しつつ，企業会計との統一化を達成するために純利益表示することの妥当性を検証する社会科学的研究方法について説明する。即ち序章を敷衍しながら，目的論的関連に基づく社会的必要性抽出と当該未充足による問題提起，および目標仮説に対する規範演繹的考察による結論導出につき改めて説明する（本節では，引用頁のみの注釈については本文中にカッコ書きで出典が示される）。

前節で説明されたとおり，非営利組織会計が企業会計との表示基準統一化を達成するには，純利益の表示が要件の一つとなる。しかし，非営利組織会計の基本目的を達成するためには，当該表示が妥当であるかを検証しなければならない。企業会計と異なり，純利益が有用な情報と見なされないことが，FASB［1980］によって示されているためである。そこで，非営利組織会計のフロー計算書における純利益表示の妥当性を考察・検証するため，社会科学において一般に用いられる研究方法をあらかじめ決定しておきたいと思う。

藤井秀樹教授の研究によれば，会計の基本目的を達成するための制度設計において，「目的論的関連」の観点からの検討が有効な一方法となる（藤井［2010］，24-25頁）。目的論的関連とは，「目的」を設定してそれを達成するための「手段」を選択するという「目的—手段の関係」をいう。そして，制度設計においては「必要性の視点」を提供する概念となる。

即ち，社会において設定される制度には特定の目的が存在し，当該設定は何らかの社会的必要性に基づくものであるため，目的と手段の関係に着目することにより，制度設計における必要性の視点が提供されることになる（藤井［2010］，24頁）。そこで当該概念を援用すれば，目的を達成するための制度（即ち手段）において含意されるべき社会的必要性が明らかにされ，当該未充足に起因して生じたまたは生じうる問題を提起することができる。そして，当該問題点を斟酌しつつ「手段」としての新たな制度設計が図られることになる。制度設計が，各人間行為の目的（即ち必要性の内容を達成すること）に依存したものであることから，目的論的関連の観点による設計検討が可能となるのである。以上の説明を概念図に表すと，図1のようになる。

このようにして，制度設計を行ううえでの問題提起がなされると，次には，当該考察および結論導出へと段階が進む。このプロセスについては，徳賀芳弘教授によって，具体的な研究方法が提示される。即ち問題に対し，会計研究では当為（いかにあるべきか）と当該根拠の提示が重視されるため，これらを正当化するために目標仮説が設定されることになる（徳賀［2012a］，1頁）。

そして目標仮説が設定されると，当該検証を行う必要がある。これには2つの代表的な方法があり，一つは目標仮説から経験に頼らず特定の理論による演繹的な推論のみで論理的に必然的結論に到達しようとする「規範演繹的研究」，もう一つは目標仮説と帰納的に観察された事実との乖離の大きさを指摘

図1　目的論的関連観点に基づく制度設計（概念図）

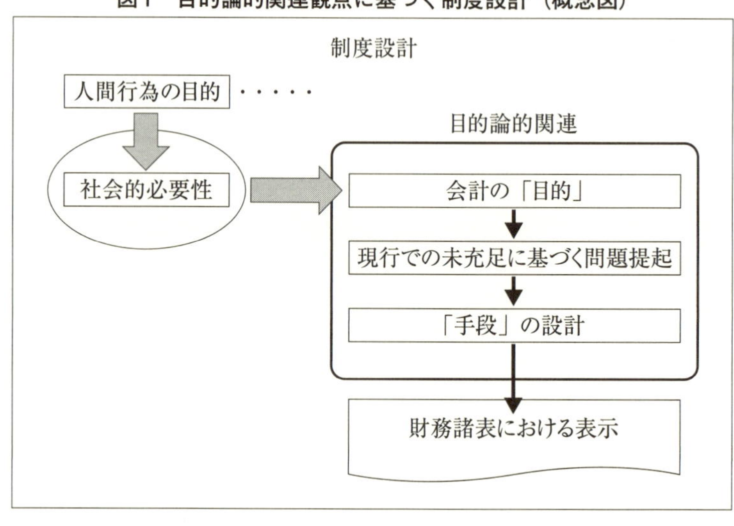

してその解決策を提示する「規範帰納的研究」である[3]。

本考察においては，2つの異なった研究方法のうち，規範演繹的研究を進めるのが適切であると考える。会計の統一化を目途とする論考においては，企業会計の方が非営利組織会計よりも先んじて理論・制度を形成させてきた経緯を重視すべきであり，当該通説的理論および制度規定に基づく規範演繹的研究が，結論導出にとって有効と判断される[4]。

そこで以降においては，企業会計との統一化を指向するために，純利益を表示することの妥当性につき考察する。まず目的論的関連の観点から，純利益を表示しない場合に，「目的」としての社会的必要性が「手段」である会計情報の表示によって充足できない点につき問題提起を行う。そして，当該問題に対して目標仮説（即ち「手段」としての純利益表示により「目的」が達成されるという仮説）を設定したうえで，企業会計理論および規定に基づく演繹的考察によってその妥当性検証を行う。

5. 企業会計との統一化を指向した表示基準の目標仮説設定

以上により，企業会計との統一化を指向する非営利組織会計の表示の妥当性を検証するための，社会科学的研究方法が示された。会計学研究においては，問題点に対する「当為」（いかにあるべきか）と当該根拠の提示が重視され，この妥当性を示すために目標仮説の設定・検証が行われる[5]。本節では当該方法に沿って，企業会計との統一化を図るために，目的論的関連の観点から社会的必要性を明らかにし，当該未充足に起因する問題点を提起し，当為命題としての目標仮説を設定する。とくに第3節では，純利益表示の妥当性検証が考察焦点であることが示されたため，この点が目標仮説設定に関わってくる（本節において，引用箇所のみの注釈は本文中にカッコ書きで示すこととする）。

5. 1　非営利組織会計情報に内在する社会的必要性

目的論的関連概念の構成要素である「目的」につき，非営利組織会計の表示に係る基本目的とは，これまで第2章および第3章で説明されてきたとおり，純資源変動の期間的測定による財務的生存力の査定と，用役提供努力・成果の情報に基づく業績評価であった[6]。

財務的生存力とは，FASBによれば，組織の「用役を提供し続ける組織体の能力」（FASB［1980］，par.44）を意味する[7]。そして若林［2002］によれば，財務的生存力とは企業会計における資本維持の概念と類似するものであり，非営利組織が事業を遂行し，社会に対しサービスを継続して提供するために，財務的に保持していなければならない能力を指す（若林［2002］，160頁）。また，FASB概念書第6号『財務諸表の構成要素』（1985）では，「非営利組織体は『一期間の資源の流入と流出の関係』を反映させるために，資本維持の概念またはそれと同様の概念を必要とする」（FASB［1985］，par.103）ことが規定されている。

より具体的な財務的生存力査定の指標として，R.N.Anthony（以下，アンソニー）は，非営利組織において資本維持が達成されるのは，活動成果としての業務的インフローと，拘束性のある寄附金等の資本的インフローの合計が，費用と等しい場合であり，費用に対する業務的インフローの超過額である純利益は，組織の存続可能性の目安を提供するものとしている（Anthony［1978］，pp.86-87）。つまり，「主体が一期間中に主体持分の維持に成功したか失敗したかが，基本的焦点である。」（Anthony［1984］・佐藤訳［1989］，117頁）。

こうした資本維持の概念は，企業会計研究の進展に相まって形成されてきたものであるが，これを非営利組織会計に適用すべく新たに設定されたのが，財務的生存力の概念といえる。ただし，企業会計では業務インフローからコストを差引いた純利益によって資本維持の査定ができるが，非営利組織においては，純利益の最大化が目的でないため，資本的フローを含めた当期純資産変動額によらなければ，資本維持の査定（即ち財務的生存力の査定）が可能とならない。上記アンソニーの指摘のとおり，非営利組織会計における純利益の価額は，あくまで組織の存続可能性の目安を提供するものに止まる。

他方，用役提供努力・成果の情報による業績評価の基本目的につき，FASB

［1980］において，「（非営利組織が）資源提供者その他の用役利用者に対して満足のいく水準の財貨または用役を提供するために必要とするだけの資源と少なくとも同量の資源を長期的には受領」（FASB［1980］，par.14，カッコ内は筆者加筆）したかを評価することと考える。そして，業績を評価するのに有用な情報提供の基本目的を達成するために「用役提供努力および成果についての情報」（FASB［1980］，par.47）が必要であることを規定している[8]。

より具体的な，非営利組織の用役提供努力および成果についての情報について，「用役提供努力についての情報は，組織体の資源（貨幣，人的資源および原材料のような投入物）がさまざまな計画または用役を提供するのに，どのように用いられるかに焦点を合わせなければならない。」（FASB［1980］，par.52）と規定する。他方で，「用役提供の成果を測定する能力は，とくに計画の結果については，一般に未開発である。」（FASB［1980］，par.53）[9]。

以上の説明により，非営利組織会計の基本目的の内容が明らかにされたが，これを目的論的関連の観点に引寄せると，社会的必要性に応じた基本目的が明確化したことになる。そしてこれを達成するために手段が設定されることになる。ここでの手段とは，財務諸表の表示による利用者への情報提供と考えられる。そこで，「手段」たる表示情報に含意されるべき，社会的必要性を反映した非営利組織会計の「目的」として，組織の財務的生存力を査定する情報が表示されること，および活動業績（用役提供努力および成果）を評価するための情報が表示されること，の2点を設定することができる。

また，本研究においては，法人形態ごとに基準が設定される非営利組織会計に対し，企業会計との統一化を指向した単一の表示基準である「モデル表示基準」を措定しようとしている。そこにおいては，資源流入を促すための横断的理解が可能な会計基準に対する社会的要請が存在すべきである（序章，第1章および本章第2節にて説明）。そこで，制度・理論に関する専門知識が広く共有されている企業会計との表示様式の統一化を，3点目の社会的必要性としてここで設定する。

5. 2　社会的必要性の未充足に起因する問題提起と目標仮説設定

こうして示された社会的必要性に対し，次には，表示基準（具体的には第3章で類型化された各タイプ）に内在する未充足事項を明らかにし，問題提起を行う。そのうえで，問題点に対する当為と当該根拠を提示し，これらの正当性を示すための目標仮説を設定する。

5. 2. 1　社会的必要性の未充足に起因する問題提起

まず，社会的必要性としての，組織の財務的生存力を査定する情報表示については，フロー計算書のボトムラインに純資産変動額が設定され，これが貸借対照表／純資産の部と連携することによって達成される。ボトムラインである当期純資産変動額には，業務的フロー（当該要素の集計値が純利益）のみならず資本的フロー（拘束性のある寄附金・補助金など）の当期増減額が含まれる。かりに業務的フローの当期増減の最終額（即ち純利益）がマイナスであっても，資本的フローを合算することでプラスに転じれば，当期において最終的に財務的生存力が維持され，純資産に累積されたものと判断することができる。目的論的関連の観点からは，当期純資産変動額のボトムライン表示を「手段」（目的論的関連概念の構成要素としての手段）とすることで，「目的」である財務的生存力の査定が達成される。したがって，非営利組織会計における社会的必要性の具現化手続としての財務的生存力査定につき，第3章において設定された表示基準の類型のうちでこれが達成されうるのは，純利益をボトムラインとする表示基準以外のすべての基準である。つまり，純利益をボトムラインとする表示基準は，社会的必要性としての財務的生存力査定機能が未充足となる。

次に，社会的必要性としての，用役提供努力・成果の評価に資する情報が表示されることについて，アンソニーは，ボトムラインが純資産変動額である表示基準では，非営利組織の業績を適正に測定することができないことを問題とする（Anthony［1995］，pp.47-48）。そしてこれは，FASBが資本に対する寄附金と事業活動に対するそれとに区分せずにすべて収益表示することに起因すると，彼は考える。フロー計算書において業績の評価が可能となるのは，活動によって生じるコスト，業務的インフロー，およびその差額である純利益が表示される場合であり，「純利益は，実体が獲得した（当期の最終的な）成果を表すものである」（Anthony [1989]，p.31，カッコ内筆者）。そして目的論的関連の観点からは，純利益のボトムライン表示を「手段」とすることで，「目的」である業績評価が達成されることになる。第3章において設定された表示基準の類型で純利益が表示されるのは，純利益をボトムラインとする表示基準，および損益的フロー／資本的フローの2区分とする表示基準である[10]。そこで，純利益およびその内訳要素が表示されない基準については，活動業績の適正な評価を行うことができないと考えられ，これが，業績評価への社会的必要性に対する未充足事項となる。

したがって以上より，会計の「目的」（基本目的と同義であることは既述）を達成する「手段」としての表示基準の措定において，目的論的関連観点から社会的必要性の未充足事項として提起される問題とは，業績評価において純利益を表示する必要があるのに対し[11]，財務的生存力の査定において純利益をボトムラインとしても達成されないことである。

また前節では，制度・理論に関する専門知識が広く共有されている企業会計との表示基準の統一化を，3点目の社会的必要性として設定した。そして当該未充足事項として問題提起されるのは，これまでに繰り返し説明されたとおり，法人形態ごとに会計基準が設定されるため横断的理解が困難となることであった。当該問題に対しては，純利益のボトムライン表示を「手段」（目的論的関連概念の構成要素としての手段）とすることで，「目的」である横断的理解が達成されて提起問題点に対応することが可能となる。なぜならば，純利益をボトムラインとしてその構成要素とともに表示することが，企業会計，とりわけこれまでわが国で規定されてきた損益計算書と同様の様式であり，活動業績の評価を達成する情報となるからである。

ただし，近年において，国際会計基準審議会（International Accounting Standards Boards；IASB）では，フロー計算書に表示される損益項目を「純利益」の区分，公正価値で評価された資産・負債の未実現損益項目を「その他の包括利益」の区分に表示する様式が制度化されている。即ち，従前のボトムラインである純利益の下段に，その他の包括利益の区分が新たに加えられ，包括利益がボトムラインとして表示される。

そこで以上の点を斟酌すれば，横断的理解を達成するための企業会計との統一的表示基準として，「純利益」をボトムラインとするか，「その他の包括利益」を表示に含めてボトムラインを包括利益にするかが，重要な問題として提起されることになる。

5. 2. 2　目標仮説の設定

そこで，提起された2つの問題点，即ち業績評価にはボトムラインに純利益を表示するのが妥当であるものの財務的生存力の査定には妥当とならないこと，統一化を指向すべき企業会計の表示基準としてその他の包括利益を含めるかの考察を要することに対し，当為と当該根拠を明らかにし，これらを正当化するための目標仮説を設定する。

2つの問題に対しては，ボトムラインを純利益，包抱利益のいずれにするか，後者とした場合に純利益を小計表示するかの，「手段」選択を要する。この点について，企業会計においては純利益によって資本維持の査定ができるが，非営利組織では，拘束性のある寄附金・補助金などの資本的フローを含めた当期純資産変動額により，財務的生存力の査定が可能となる。そこで，フロー計算書の上段において業績評価に資する損益的フローを表示し，下段に資本的フローを表示することで，ボトムラインに当期純資産変動額を表示することができる。これは，第3章で示された類型のうち，損益的フロー／資本的フローの2区分とする基準である。そして当該表示は，IASBが規定する表示基準とも同様となる[12]。

したがって，純利益と当期純資産増減額を同時に表示する基準を設定すれば，財務的生存力，および業績（用役提供努力・成果）の査定が達成され，さらに企業会計との表示統一化を指向したものとなる。ただし，業績評価については，純利益がボトムラインではなく小計での表示となるため，当該査定能力についてくわしく検証する必要がある。

以上により，目的論的関連の観点から，社会的必要性の未充足に起因した問題提起が行われ，これに対する当為とその根拠が明らかにされた。そこでこれを正当化するための当為命題として，次のような目標仮説を設定することができる[13]。

目標仮説：

企業会計との表示統一化を指向し，当該専門知識による，財務的生存力と活動業績の評価を可能とするために，純利益および当期純資産変動額を表示する。

こうした当為命題の妥当性につき，次節以降では，規範演繹的考察によって検証を行う。徳賀［2012a］において示されるとおり，目標仮説には必ず当為が内包され，かつそこには論拠が存在するため，これが妥当であることを特定の理論に基づいて演繹的に推論することが，規範演繹的研究の眼目である。そこで，表示基準統一化のうえで生じる問題の当為の論拠，即ち純利益の表示により業績評価の基本目的が達成され，その下段に純資産変動額を表示することで財務的生存力査定の基本目的が達成されることの論拠につき，規範演繹的考察による検証を行う。

6. 非営利組織会計における純利益表示の妥当性検証

以上により，企業会計との統一化を指向する計算書の表示に対し，当為およびその論拠が示され，これを正当化するために目標仮説が設定された。それは，非営利組織会計のフロー計算書において，企業会計と同様に純利益を表示し（小計として上段に表示），さらにボトムラインとして当期純資産変動額を表示することにより，基本目的である財務的生存力と用役提供努力・成果の評価（業績評価）が可能となることである。さらには，これがIASBにおいて規定される表示と近似した様式となり，企業会計の専門知識を持つ情報利用者の理解が容易になる可能性もある。

そこで本節では，設定された目標仮説に対し，純利益を表示して業績評価の基本目的を達成することの妥当性について規範演繹的考察を行い（6.1），さらに，純利益がボトムラインには表示されず小計として表示されることの妥当性について規範演繹的考察を行う（6.2）。そして最後に，純利益を表示しない「イン／アウトフローの2区分」の代替案の妥当性について検証する（6.3）。なお本節では，出典のみの引用については，文中のカッコ書きによってこれを示す。

6. 1　非営利組織会計において純利益を表示する妥当性

上記においては，目標仮説として，非営利組織会計の基本目的を達成しかつ企業会計との表示の統一化を指向するために，純利益を表示すべきであることが示された。当該表示により，財務的生存力の査定（ただし目安に止まる），および用役提供努力・成果査定の基本目的を達成することが可能となる（FASB [1980]，par.47）。

純利益区分の構成要素である用役提供努力の情報は，組織体の資源（貨幣，人的資源および原材料のような投入物）がどのように提供されているかに焦点が合わされている（FASB [1980]，par.52）。また用役提供成果についての情報は，非営利組織が資源提供者その他の用役利用者に対して満足のいく水準の財貨または用役を提供するために必要とするだけの資源と少なくとも同量の資源を長期的には受領したかを示すものとなる（FASB [1980]，par.14）。

そしてアンソニーは，収益と費用の差額である純利益が，実体の活動における業績を端的に表し，これが計算書に表示されなければ，非営利組織の業績を適正に測定することが不可能と主張する（Anthony [1989]，p.31）。つまり，拘束性のある寄附金・補助金を当期の成果ではなく持分の増加と考え，当期事業に対する寄附金とそれらとを区分しなければ適正な業績評価ができないことが，所説の趣旨といえる[14]。以上の点からは，非営利組織会計において純利益を表示すること（ただしAnthonyの主張はあくまでボトムライン表示に限定）が妥当と考えられる。

かかるアンソニーの指摘において，純利益を表示することの眼目は，内訳要素による用役提供努力・成果の査定のみならず，ボトムラインによる資本維持達成の査定を可能にすることである。企業において，その利益が配当と等しい場合に資本が維持されるのと同様に，非営利組織会計では，業務的インフローが費用と等しく利益がゼロの場合に資本維持が達成されることが指摘される（Anthony［1978］，p.86）。

ただし，これまで繰り返し述べられたように，企業会計では業務的インフローからアウトフローを差引いた純利益によって資本維持の査定ができるが，非営利組織では，拘束性のある寄附金・補助金などの資本的フローを含めなければ，当期活動に伴う資本維持の査定（即ち財務的生存力の査定）が可能とならない。アンソニーも指摘するように，非営利組織会計における純利益の価額は，資本維持の目安を提供することに止まる。

また，非営利組織会計は利益の最大化を第一義としないため，純利益の価額が重要な活動業績の評価指標にならないという考え方もある。即ち，純利益がプラスとなった場合に，当該組織には財源が十分存在すると判断され，寄附者は寄附が必要ないと考える可能性がある。さらに，純利益が多額となった場合には，受益者に対するサービス提供が十分でないという疑念すら生じる。即ち，純利益が少ない方が，受益者がサービスを多く受取ったものと見なされるのである。

したがって，純利益の内訳要素の表示により業績評価の基本目的達成は可能となるが，ボトムラインとしての純利益の価額については，①資本維持の目安を提供するに止まること，②プラスの場合に寄附が必要ないと判断される可能性があること，③受益者に対するサービス提供が十分でないと判断される可能性があること，の3点に留意しておく必要がある。

6. 2 純利益を小計として表示する様式の妥当性

目標仮説に設定された表示基準とする場合，純利益が表示されかつボトムラインに当期純資産変動額が設定されるため，用役提供努力・成果の査定，財務的生存力の査定および企業会計との統一的表示の，社会的必要性が同時に達成される。つまり，損益的フローと資本的フローの2区分を表示することにより，非営利組織会計の基本目的を達成することができる。

ここで，当該区分の表示に関し，ツーステートメント・アプローチ（以下，2計算書方式と記す）とするかワンステートメント・アプローチ（以下，1計算書方式と記す）とするかの選択の論争がある。本研究に引き寄せていえば，純利益をボトムラインとする計算書を独立させて設定するか（2計算書方式），純利益を小計として上段に表示するか（1計算書方式），についての選択の考察である[15]。そこで，IASBおよびわが国企業会計基準委員会（以下，ASBJ）における2計算書方式採用是非の議論を援用しながら，当該適用の妥当性について考察する（以下，ASBJが規定する企業会計基準第25号『包括利益の表示に関する会計基準』（2012）からの引用については，文中のカッコのなかで段を示している）。

6. 2. 1　企業会計における2計算書方式適用の議論

周知のとおり，IASBにおける企業会計の制度設計は，資産負債アプローチを前提に進められている。フロー計算書においては，損益の項目を「純利益」の区分，公正価値で評価された資産・負債の未実現損益項目を「その他の包括利益」の区分に表示する。即ち，計算書に表示されるボトムラインとして，従前からの純利益に，その他の包括利益が新たに加えられて，2区分の表示様式となる。そしてIASBにおいては，「1計算書方式とするか2計算書方式とするか」の表示方法の選択が，重要な論点となっている。これまで存在しなかったその他の包括利益の区分が新たに加えられたため，これを従前の純利益の区分と並べて表示するか，別の計算書で表示するかの選択の問題が顕在化したわけである。

国際会計基準（International Accounting Standards；IAS）第1号『財務諸表の表示』（2007）を改訂する際には，まず1計算書方式への一本化が検討され，その後に純利益と包括利益とを明確に区別する2計算書方式を選好する関係者が多かったことから，両者の選択が認められた経緯がある。また，ASBJにおける平成22年会計基準の公開草案に対するコメントのなかでは，純利益を第一義とする立場から，1計算書方式の包括利益が強調され過ぎることに対する危惧が指摘され，純利益と包括利益が明確に区分される2計算書方式を支持する意見が見られる（第36段）。他方で別意見として，一覧性，明瞭性，理解可能性等の点で1計算書方式を支持する意見も存在する（第36段）。そこで基準の設定にあたっては，いずれの計算書方式においても包括利益の内訳として表示される内容は同様であることから，選択制にしても比較可能性を損なうものではないと考え，2計算書方式と1計算書方式の選択とすることが決定している（第37段）。

つまり，資産負債アプローチを前提とした表示基準の設定プロセスでは，純利益と包括利益とを明確に区別する2計算書方式を選好する関係者が多いこと，1計算書方式では包括利益が強調され過ぎるという意見が見られること，が意見として出されている。他方で，一覧性，明瞭性，および理解可能性の点では1計算書方式に利点があることも指摘され，最終的に選択制にした場合でも比較可能性を著しく損なうものでないと結論付けている。

6. 2. 2 IASBの議論を援用した2計算書方式適用の妥当性考察

以上のIASBおよびASBJの議論の焦点は，資産負債アプローチを前提として包括利益概念を重視しつつ，収益費用アプローチに基づく純利益の区分をどのように表示すべきかにある。企業会計の場合，最初から純利益の区分が存在していた（純利益の区分しか存在しなかった）ため，資産負債アプローチに拠って立つ場合でも，当該区分の設定を無視することができない。そしてIASBのとった判断は，1計算書方式において包括利益が強調されることへの懸念から，2計算書方式の導入を是認することであった。

そして，非営利組織会計のフロー計算書においては，純利益の区分はこれまでに存在しないため（近似的な区分は公益法人会計基準に存在），新たに当該設定を検討することになる。そこで，資産負債アプローチを前提としつつ純利益を表示することの考察においては，上記のような，企業会計におけるツーステートメント・アプローチの議論を援用することができる。IASBの制度設計においては，包括利益一元化が強力に推進されてきたが，ボトムラインである包括利益が強調され過ぎること，当該計算書における表示区分・項目の議論が十分でないことを事由に，当該一元化が回避されるに至っている（藤井［2007］，149-151頁）。これにより，既存の財務諸表体系は基本的に維持したまま，その他の包括利益（その他の認識収益費用）の構成項目と包括利益（総認識収益費用）を表示する包括利益計算書（認識収益費用計算書）をこれに追加する形で，基準準拠の業績報告書が設定されている（藤井［2007］，153頁）。

計算書の形式選択（単一にするか否か）の問題について，IASB［2006］では，「審議会と市場関係者との議論において，多くの者が，単一の計算書という概念に強く反対していることが明白であった。彼らは，単一の計算書の最終行に，必要以上に焦点があたると主張した。さらに，多くの者は，審議会が，表示に関する他の側面について審議しないうちに，すなわち，どのようなカテゴリーや行項目を認識収益費用計算書上に表示すべきかを決定しないうちに，単一の計算書による収益及び費用の表示が財務報告の改善につながると結論付けるのは時期尚早だと主張した。」と記されている（IASB［2006］，par.BC14）。IASBにおけるこうした議論から，包括利益一元化を前提に単一の計算書方式とすると，純利益よりも包括利益が強調される懸念が生じる可能性があることが明らかとなる。

以上のような，集計値の表示における強調性の観点を斟酌すると，非営利組織は本来的に利益獲得が第一義とされないため，純利益が表示されるとこれが強調される状況が想定される。さらに，企業会計の様式は広く認知されたものであるため，純利益が表示されれば，そこに焦点が注がれる可能性がある。

そこで，純利益とそれ以外（資本的フロー）を分離して2計算書方式とすれば，かかる事態を回避することが可能となる。即ち，一方の計算書で純利益とその内訳要素が表示され，別の計算書で最上段に純利益（内訳要素は表示されない）が表示され，その下にその他の包括利益（資本的フロー）の内訳要素が加減される表示基準が措定される。これによって，純利益の表示がもたらすバイアスを回避することが可能となる。非営利組織会計における2計算書方式のフロー計算書の概要は，図2で示されたとおりである。

図2 2計算書方式に基づくフロー計算書の表示基準（概略）

収益：
寄附金
費用：
純利益（損失）

純利益（損失）
その他の包括利益
当期純資産変動額

6. 2. 3 純利益における財務的生存力査定機能と1計算書方式の妥当性

こうして，非営利組織会計のツーステートメント・アプローチをめぐる議論によれば，1計算書方式によって，純資産変動額よりも純利益が強調される懸念が生じる。ただし，表示された純利益において財務的生存力査定の機能が伏在するならば，たとえ1計算書方式であっても，純資産変動額に対する査定への影響（したがって財務的生存力査定への影響）が軽減される。つまり，純利益に焦点が当たったとしても，そこに財務的生存力査定の機能が存在すれば，1計算書方式とすることが可能となる。この点についてここで検証したい。

IASBにおける企業会計の制度設計は，周知のように資産負債アプローチを前提に進められたものであり，そこでは計算書におけるその他の包括利益の表示が特徴となっている。即ち，フロー計算書が純利益の区分とその他の包括利益の区分の2区分され，ボトムラインに包括利益が計算・表示される。そして，このような企業会計の表示基準との統一化を非営利組織会計が指向する場合，同様に純利益の区分とその他の包括利益の区分が設定され，ボトムラインに当期純資産変動額が表示されることになる。これは，第3章において提示された「損益的フロー／資本的フローの2区分」の類型に該当する。ここでは，収益費用アプローチに基づく純利益が表示され，その内訳要素によって用役提供努力・成果の業績評価ができる。そして，主導的位置にある資産負債アプローチによって，その他の包括利益に該当する資本的フローが表示され，財務的生存力の査定が行われる[16]。

周知のとおり，企業会計の損益計算においては，投下資金額を超える業務的インフローの余剰が利益となる。したがって貨幣価値が安定した社会を前提とすれば，純利益がプラス数値である場合には，資本維持が達成されたものと判断される。非営利組織会計でも，業務的インフローが費用と等しい場合に資本維持されるのであり（Anthony［1978］，p.86），業務における超過額は組織の生存可能性の目安を提供するものとなる（Anthony［1978］，p.88）。Anthony［1984］によれば，ゼロの利益を獲得するように活動した非営利組織はその持分が維持され，この正負の額は主体の財務活動について重要な情報を伝えるものである。かりに数値がプラスであれば，将来の起こりうる不利な状況に備えて当該主体が生み出したクッションの額を示すことになる[17]。

しかし利益につき，非営利組織ではその最大化を目的とせず，資本的フローによる資本維持の役割が企業より大きいと考えられるため，存続可能性の目安であることを斟酌する必要がある。この点からは，純利益に焦点が当たった場合，純資産変動額に比べて財務的生存力査定の機能が十分存在するとはいえないため，1計算書方式とすれば，ボトムラインに表示された純資産変動額の機能が希薄化するおそれがある。つまり，フロー計算書における財務的生存力の査定機能が減衰する可能性がある。

そこで以上の考察からは，1，2のいずれの計算書方式でも当期純資産増減額の内訳として表示される内容は同様であることから，IASB［2006］の結論と同様に，選択制にしても比較可能性を損なうものではないと考えることができる[18]。

ただし単一の計算書における，包括利益が強調されることへの懸念の議論は，これがボトムラインとなることから生じたものと考えることもできる。即ち，それまでは収益費用アプローチの基づく純利益がボトムラインであり，当期業績がその数値において集約されていた。ところがこれが小計値となり，別の会計観（資産負債アプローチ）に基づく価額がボトムラインになったため，そのインパクトが大きかったと推察できる。これに対し非営利組織会計の場合は，強調されることが懸念される純利益は，ボトムラインでなく小計に表示される。そして，ボトムラインには，財務的生存力の査定の有用となる当期純資産増減額が表示される。FASB概念書第4号で示されたとおり，そもそもこれは，企業会計との比較による非営利組織会計の特徴を表す最重要の表示項目である（本章・表1を参照)。したがって企業会計と比べると，小計において別の会計観に基づいて計算された項目（ここでは純利益）を表示することの影響は小さいと判断できる。

また，わが国非営利組織会計のフロー計算書においては，純利益区分と近似した，収益費用アプローチに基づく区分がすでに規定されている。即ち公益法人会計の正味財産増減計算書においては，純利益と同義の「当期一般正味財産増減額」が表示される。そしてこれと資本的フローとを直列に表示し，ボトムラインとして当期正味財産増減額が設定される。したがって上述したインパクトの観点において，純利益の表示がすでに定着していることから，企業会計と比較してこれが小さいものと判断される。

さらに，資本的インフローである拘束性のある寄附金・補助金につき，第1章において，組織活動の結果としてもたらされた成果と考えるべきであることが説明された。つまり，非営利組織における過去の実績に基づいて，寄附者が寄附金を出資するという見方である。そして，拘束性のある寄附金・補助金であっても法的権利は組織に移転し，かつ永久拘束されるものではないため，企業会計の払込資本と比べて拘束度合が弱い。そのため，ボトムラインである当期純資産変動額が，業績評価に資する情報となり得るのである。当該観点からは，純利益区分と資本的フロー区分を別の計算書に峻別する意義に乏しいと考えられる。企業会計における純利益とその他の包括利益の峻別化に比べ，同類性が強いと判断できるのである。

したがって以上の諸分析からは，新たに表示される純利益が強調されることへの懸念を取り払うことが可能である。そして，純利益が損益的フローの小計として上段に表示され，次に資本的フローが表示されてボトムラインに当期純資産増減額が表示される1計算書の表示基準が，妥当なものと判断することができる。

6. 3　イン／アウトフローの2区分の代替案の妥当性

こうして資本的フローの重要性の観点から，これまでの非営利組織会計における規定と同様に，1計算書方式が妥当であることが確認された。損益的フローと資本的フローが直列に表示されたワンステートメントのフロー計算書により，非営利組織会計の基本目的である財務的生存力と活動業績の査定が達成可能となる。上段に純利益区分を表示して用役提供努力・成果の査定と資本維持の査定（ただし純利益がプラスの場合のみ）が可能となり，かつこれに資本的フローを加減した純資産変動額の表示により財務的生存力の査定が可能となる。

以上によって，最後に残された検証すべき事項は，代替案としてすでに示された，イン／アウトフローの2区分表示の妥当性についてである。第3章において，損益的フロー／資本的フローの2区分とする表示基準（目標仮説に設定）と，インフロー／アウトフローの2区分とする表示基準は，ともに，財務的生存力の査定および用役提供努力・成果の査定に有用であることが明らかにされた。さらに，用役提供努力・成果の査定には費用情報が最重要となるため，アウトフロー（固定資産形成支出は除く）を一括で表示するインフロー／アウトフローの2区分とする表示基準の方が，費用を2つに分離して表示する損益的フロー／資本的フローの区分とする表示基準（これが目標仮説）よりも，用役提供努力の査定に有用となる可能性があるとの見解が示された。

ここで，インフロー／アウトフローの2区分とする表示基準については，非営利組織会計におけるフロー情報の主機能が予算に対する準拠性の査定にあると考える所説にも適合する。これは，費用よりも支出（expenditures）をアウトフローの中心概念に据える所説であり，これから導出されるフロー計算書においては，純利益が表示されないことになる[19]。具体的には，Anthony［1978］

をもとに池田［2007］によって整理された表示様式であり，業務インフローと資本的インフローを一括表示し，これと対応して業務支出と固定資産形成支出を一括表示するものである。そしてボトムラインは現金増加額である。支出は，期間において取得された財貨・サービスと等価の価額であり，設定された予算と対比して当該遵守の評価を行うのに有効と考えられる[20]。予算に対する資源使用の査定を重視する場合には，費用でなく支出の概念をインフローの表示に取り入れる必要があり，支出概念の構成要素には業務取引と資本取引が混在しているため，これを一括で表示する様式が妥当となる。即ち当該基準では，用役提供努力および成果の内訳要素がそれぞれ一括して表示されることになる。また，固定資産形成支出が除かれる場合には，ボトムラインにおいて当期純資産増減額が表示されることになり，これによって財務的生存力の査定が可能となる。

そこで，会計の基本目的を業績評価に置く場合には費用表示を手段とし，予算遵守に置く場合には支出表示を手段とするのが妥当と考えられる。本研究のように，業績評価を基本目的として財務諸表の表示基準を定立する場合には，将来の期間に使用される資源の取得を含む支出よりも，当期の業績のために使用された財貨・サービスの測定値である費用をインフローと対比させることが望ましいと考えられる（池田［2007］，111頁）。

したがって以上の論考から，目標仮説でもある「損益的フロー／資本的フローの2区分」とする表示基準をモデル会計基準とすることが妥当と判断される。また，当該基準はIASBが提唱する表示基準とも近似的であることから，企業会計との統一化を指向する上で，インフロー／アウトフローの2区分とする表示基準よりも妥当であるものと結論付ける。

7. お　わ　り　に

以上により，本章が目途とする，企業会計との統一化を指向した非営利組織会計のモデル表示基準が措定された。本研究の目的は「モデル会計基準の開発アプローチ」，即ち新たに開発されたモデルとなる会計基準に基づき各会計基準を整合的に改正していくアプローチを実施することであり，そのためのモデル表示基準が設定されたわけである（各会計基準の整合的改正作業は結章において行う）。本章において考察され，結論導出に至った経緯を整理すると，次の様になる。

・第3章において，「モデル表示基準」を導出するための表示基準の類型化が図られた。各類型に内在する問題点について考察し，取捨選択を行った結果，重要な問題点が顕在化しなかった類型として，「損益的フロー／資本的フローの2区分」とする表示基準と，「インフロー／アウトフローの2区分」とする表示基準の2つのタイプが選択された。

・選択された2つのタイプの優劣についてみると，会計の基本目的である用役提供努力・成果の査定には，費用の情報が最重要となる。そこで，基本財産評価損などの資本的フローを含む費用を一括で表示する，インフロー／アウトフローの2区分とする表示基準の方が，費用を2つに分離して表示する損益的フロー／資本的フローの区分とする表示基準よりも，用役提供努力の査定に有用となる可能性があると経過的結論が示された。

・そして，企業会計と非営利組織会計の基本目的の相違につき，FASB概念書第4号のサーベイの結果，非営利組織会計における業績評価の中心的尺度が，純資産変動額，および用役提供努力・成果の価額であり，純利益ではないことが明らかとなった。

・社会科学的研究の実践として，目的論的関連の観点から，社会的必要性の未充足事項として提起される問題として，業績評価において純利益を表示する必要があるのに対し，財務的生存力の査定において純利益をボトムラインとしても達成できないことが示された。また，別の問題点として，横断的理解を達成するための統一的表示基準として，「純利益」のみの区分とするか「その他の包括利益」を表示に含めてボトムラインを包括利益にするかが提起された。

- 提起問題に対する当為とその論拠を正当化するための目標仮説として，純利益および当期純資産変動額を表示する基準にすべきであることが示された。
- 純利益の区分を表示することにより，用役提供努力・成果の査定が可能となるが，当該価額は資本維持の目安を提供するに止まるため，1計算書方式とした場合，純利益に焦点が当たればボトムラインに表示された純資産変動額の希薄化が問題となることが説明された。そのため表示基準においては，IASBと同様の結論として，1計算書方式／2計算書方式の選択制にしても問題はないと判断された。
- ただし，強調が懸念される純利益は，ボトムラインでなく小計に表示されるため，企業会計と比べると影響は小さいと判断された。さらに，資本的フローは，過去の実績に基づいて寄附者が出資する価額と考えられるため，ボトムラインである当期純資産変動額が，業績評価に資する情報となり得る。そのため，純利益が強調されることへの懸念が取り除かれる可能性もあり，純利益が損益的フローの小計として上段に表示される1計算書の表示基準が妥当なものであると判断された。

このように，企業会計との統一化を指向した非営利組織会計のモデル表示基準とは，上段に損益的フローの区分を表示して純利益をボトムライン（小計）とし，続いて資本的フローの区分を表示して，ボトムラインを当期純資産変動額とするものである。これにより，財務的生存力および活動業績の評価がワンステートメントで可能となり，かつ企業会計と近似的な表示様式とすることができる。こうして，本章で導出されたモデル表示基準に基づき，結章で「モデル会計基準の開発アプローチ」に沿って，各表示基準（公益法人会計・社会福祉法人会計・NPO法人会計・学校法人会計，および政府会計の表示基準）を整合的に改正するための考察を行う。

注

[1] FASB概念書第1号『営利企業の財務報告の基本目的』（1978）の冒頭において，財務報告

の基本目的が説明されている。即ち，財務会計諸概念の基礎となるものが，基本目的であると考えられる。

[2] 藤井［2004a］では，アメリカにおける基準設定活動が，わが国のそれに対して極めて強い影響を及ぼしており，当該動向を抜きにして，わが国における基準設置の展開方向は論じ得ないことが指摘されている（藤井［2004a］，89-90頁）。

[3] 研究方法の詳しい内容は，徳賀［2012b］，144頁参照。規範演繹的研究では，精度が高い演繹的推論が要求され，規範帰納的研究では，事実の観察に対する科学性の具備を必要とする（徳賀［2012a］，1頁）。

[4] 尚，これまでの規範的会計研究においては，経済学で使われる所得（income）や富（wealth）などの用語を援用して，会計上の諸概念の整序を図った経緯がある（徳賀［2012b］，161頁，および徳賀［2013］，386頁）。

[5] 目標仮説が妥当であれば，当為論拠の正当性が示されたことになる（徳賀［2012a］，2頁）。

[6] なおAnthony［1995］では，業績評価についての情報ニーズは，営利企業の投資者よりも非営利組織の資源提供者の方が大きいことが指摘されている（Anthony［1995］，p.44）。

[7] 川村［2005］において，FASB概念書が規定する非営利組織会計の目的が，財務的生存力の表示にあることが指摘されている（川村［2005］，230頁）。

[8] そしてFASBによれば，発生主義会計によって測定された情報は，一般に現金収支についての情報よりも優れた業績指標を提供する。そして，発生主義会計では，一期間中において用役を提供するのに必要とされる資源の取得および組織による用役の提供価額が，その期間の現金収支とは必ずしも一致しない（FASB［1980］，par.50）。

[9] この点についてアンソニーは，非営利組織の主要な目標はサービスの提供にあるという一般的合意はあるものの，主体がこの目標をどの程度達成したかを財務会計は報告できないと考える。即ち，財務会計は組織によって使用された資源を測定することはできるが，当該組織がどの程度のサービスを提供し成果が得られたかを測定することはできず，また，相当額の収益が，提供されたサービスと直接に関連づけられないと主張する。以上の所説は，Anthony［1984］・佐藤訳［1989］，74頁参照。

[10] わが国公益法人会計の正味財産増減計算書においては，純利益と同義の「当期一般正味財産増減額」が表示される。そしてこれと「当期指定正味財産増減額」とを直列に表示する。

[11] 藤井［2004a］では，資産負債アプローチをFASBが拠り所とする会計観としたうえで，これに基づく寄附金の収益表示が妥当と結論付けている。つまり，寄附金の収益表示は，会計実体の経済的実質を忠実に表現されたものと説明されている（藤井［2004a］，102頁）。収益費用アプローチに基づけば，計算書のボトムラインである純資産増加額の構成要素に拘束性のある寄附金が含まれることで，活動業績の査定に誤差が入り込むことが懸念事項となる。

ただし，第3節で説明されたとおり，FASBが指摘する企業会計との表示の重要な相違点とは，活動業績を示す中心的尺度が純利益とならないことである。即ちFASBは，当期純資産変動額において業績評価が達成可能と判断している。

12 このような表示基準は，わが国の非営利組織会計基準にも見ることができる。公益法人会計／正味財産増減計算書において，寄附者等の意思により特定の目的に使途が制限される寄附のインフローを表示する「指定正味財産増減の部」と，それ以外を表示する「一般正味財産増減の部」の2区分で表示される。そして一般正味財産増減の区分では，毎期の事業活動に関するフローが内訳要素として表示され，その小計は純利益を示すものとなる。また計算書のボトムラインには，当期純資産変動額が表示される。

13 FASB概念書で規定される基本目的につき，本稿では，当為命題ではなく事実命題と考える。即ち，財務生存力査定と業績評価のための情報を利用者に提供すべきとするのではなく，当該提供がそもそも有用であることを前提とする。そして，当為命題としての目標仮説が設定される。

14 出資的な寄附金の収益処理に対するアンソニーの批判論旨については，藤井［2004a］，93-94頁において詳しく説明されている。

15 アンソニーは，業務的フローと資本的フローの分離表示を是認する所説を示す。当該表示の論拠として，①資本フローは使途が拘束され当期の業務に使用できないこと，②利用者は当期の業務についての情報を別途必要としていること，③業務活動の予算管理において資本フローを切り離す必要があること，の3点が挙げられている。詳しくは，池田［2007］，105-106頁参照。

16 資産の評価においても，わが国の現行会計基準では，取得原価と時価に区分される。前者は収益費用アプローチ，後者は資産負債アプローチに基づく評価であり，この状況は「混合的測定」と呼ばれている（桜井［2011］，87頁）。

17 Anthony［1984］・佐藤訳［1989］，74頁。また，わが国公益法人会計基準においては，指定正味財産に区別される寄附によって受け入れた資産について，減価償却を行った場合には，当該減価償却費の額が，正味財産増減計算書／一般正味財産増減の部に振替えられる。つまり，振替以前の純利益がマイナスであっても，振替後にこれがプラスに転じて表示される可能性がある（但し指定正味財産は減額）。尚，国際会計基準第20号『政府補助金の会計処理および政府援助の開示』において，政府補助金によって取得した資産に減価償却を実施した場合，同時に繰延収益とされた当該補助金から同額（減価償却費と同額）を取り崩して減価償却費の純利益への影響を中和化する方法が選択可能とされている（藤井［2008］，126頁）。わが国公益法人会計基準は，当該規定に準拠したものと考えられる。

18 そして以上の議論から，純利益をボトムラインとする表示タイプが推奨されず，資本的フローを表示してボトムラインを当期純資産変動額とする計算書が有用であることがわかる。即ち，①拘束性のある寄附金・補助金であっても組織活動の結果としてもたらされた成果と考えるべきであること，②当期損益がマイナスとなっても資本的インフローの加算で純資産変動額がプラスとなる可能性があること，③非営利組織会計の資本的フローは永久拘束されるものではなく企業会計の払込資本と比べて拘束度合が弱いこと，④拘束性のある寄附金・補助金であっても法的権利は組織に移転するので当該価額が財務的生存力維持に貢献すること，⑤拘束に対する準拠性につき資本的フローによって査定できること，が論拠である。

[19] 池田［2007］では，これを「業務報告書不要説」として紹介している（池田［2007］，112頁）。

[20] 財務資源の生産資源への転換が支出であり，当該生産資源のアウトプット（即ち財貨・サービス提供）への転換が費用である（池田［2007］，110頁）。

第5章　企業会計との統一化を指向した政府会計の表示基準

1. は　じ　め　に

以上の第1章から第4章までの考察により，企業会計との統一化を指向した非営利組織会計の表示基準が措定された。本章は，非営利組織の会計と別の制度・基準のもとで施行される政府機関の会計（以下，政府会計）に対し，一般に認められた社会科学研究の方法に拠って，企業会計との統一化を指向した表示基準の措定を図ることを目途とする。

わが国において，非営利組織と称されるのは一般に公益法人，社会福祉法人および学校法人などであるが，当該組織を広義に解釈した場合には，政府機関もこれに含むことができる[1]。ただし政府機関における資源の流れについては，非営利組織と異なる重要な特質があり，それは，用役提供努力（資源のアウトフロー）の如何にかかわりなく資金がインフローすることである。非営利組織の場合，収益獲得活動が主たる事業とは位置付けられないものの，寄附金・補助金を外部から獲得する目的で用役提供される一面がある。ところが政府機関の場合，当該活動による努力とは関係なく，税収や移転収入を名目とする財務資源がインフローするのである。そしてこうした特質に起因し，概念フレームワークとして設定される「基本目的」(objectives) についても，非営利組織とは異なったものとなっている（第2節にて説明）。したがって，企業会計との統一化を指向した表示基準の考察においては，非営利組織に対するそれと峻別して進めるべきと考えられる。

ただし，表示基準を統一する動機については，すでに説明された非営利組織会計と同様と思われる。公益法人・社会福祉法人・学校法人などでは，法人形態ごとに会計制度および基準が存在し，情報利用者による会計の横断的利用の障害となるおそれがある。かかる事態に及んだ背景には，所轄官庁が管理監督する際の利便性が重視され，一般の利用者のニーズに応えることを念頭に制度設計されてこなかった事情がある[2]。そして政府会計でもこれと似た状況にあり，具体的には，総務省の規定と東京都のそれとが，主要な会計基準として並存している。かかる2つの基準は，財務諸表の体系および表示様式が大きく異なり，また総務省の基準には財務諸表間に特別な連携構造（第3節で説明）が含まれるため，情報利用者にとって理解困難となる可能性がある。そこで，社会経済の状況を勘案した制度設計を通じ一定の社会認知を得ている企業会計に対し，政府会計の表示基準を近似させて統一化を図っていくことが，目指すべき一つの方向性といえる。

本考察では以上のような問題意識に基づき，まず，特定の社会科学的研究方法に拠って政府会計の表示基準に対する社会的必要性の抽出を行い（第2節），そこで明らかにされた社会的必要性に対する現行制度の未充足事項を示し，これに起因して生じる問題を提起する（第3節）。そして，当該問題点に対してこれが是正されうるような目標仮説を設定する（第4節）。そのうえで，規範演繹的考察（序章にて説明）により目標仮説を検証し，政府会計の基本目的をみたす表示基準を定立する（第5節）。尚，本章で考察対象となる財務諸表は，貸借対照表および活動業績を表示するフロー計算書であり，キャッシュ・フロー計算書，資金収支計算書は含まないこととしている。

2. 社会科学的研究方法による社会的必要性の抽出

以上のように本章では，二つの主要な会計基準が存在する政府会計に対し，内在問題点を調整しつつ企業会計との統一化を指向した単一表示基準の措定を目途とする。まず本節では，合理的結論を導出するための社会科学的研究方法である，目的論的関連の観点に基づいた社会的必要性の抽出を行う。当該観点を援用すれば，考察対象に内在する必要性を明確にすることができ，その結果，現行制度の未充足懸念に基づく問題の提起，即ち問題点の設定を行うことができる（当該設定は第3節）。以下では，最初に目的論的関連の観点による考察の意義について説明したうえで，政府会計の表示基準に対する，社会的必要性の抽出を行う。

2. 1　目的論的関連の観点から考察する意義

規定された諸概念・基準および監督機関を構成要素として社会に適用される会計制度において，藤井秀樹教授の研究によれば，「目的論的関連」の観点からの設計が有効な方法となりうる（本項以下において，藤井［2010］からの引用については，本文中のカッコに頁を示す）[3]。序章での説明を敷衍すれば，目的論的関連は人間諸個人を行動にまで押し動かす一つの原因と考えられ，それを客観的な歴史の因果関連に移しかえ，因果性の範疇を用いて社会現象を対象的にとらえることが，社会科学研究の目的とするところである（24-25頁）[4]。

社会に対する人間諸個人の行動の本質は，「目的」を設定しこれを達成するための「手段」を選択することにあると考えられるため，目的論的関連は「目的―手段の関係」とみることができる（24頁）。そして社会において，かかる目的の設定は何らかの社会的な必要性に基づいて行われるため，制度設計において「必要性の視点」を提供する概念となりうる（24頁）。

したがってこの概念を援用すれば，「目的」を達成するために制度において含意すべき社会的必要性が明らかにされ，当該未対応に起因して生じたまたは生じうる問題を提起することができる。そして，当該問題点を斟酌しつつ「手段」としての新たな制度設計が図られることになる。制度設計が，各人間行為の目的（即ち必要性の内容を達成すること）に依存したものであることから，目的論的関連の観点による設計検討が可能となるのである[5]。

2. 2　目的論的関連観点からの社会的必要性の抽出

以上のように，目的論的関連の概念を援用することによって，会計の「目的」（ここでは「基本目的」と同義とする）を達成するため制度に影響を与えるべき社会的必要性が明らかにされる。これにより，現行制度における当該未充足の懸念事項を顕在化でき，制度設計上の問題提起ができる。

そこで，まず海外の政府会計概念書・基準書で規定された会計の基本目的を概観し，しかるのち目的達成の手段である財務諸表の表示に内在する社会的必要性を抽出する（本項において，GASB，FASAB，およびIPSASBの概念書・基準書からの引用については，本文中のカッコにパラグラフ番号を示す）。

2. 2. 1　政府会計の基本目的

今日において，わが国の会計規制におけるアメリカの主導的役割は大きく，当該基準設定の動向によりわが国における基準設定の展開が論じられることが多い[6]。政府会計についても，アメリカの政府会計基準審議会（Governmental Accounting Standards Board；GASB）において1987年に概念書第1号が公表され，ここで会計の基本目的が示されている。規定によれば，主たる情報利用者である住民に対する「説明責任」（accountability）が，政府におけるすべての財務報告の基礎となる（par.56）。そして，「期間衡平性」（interperiod equity）が，説明責任の重要な部分を構成すると同時に行政運営の基礎をなす概念となる（par.61）。期間衡平性とは，「当該年度のサービスに関わる支出負担を，将来年度の納税者に転嫁するようなことがあってはならない」（par.60）というものである。

他方，アメリカの連邦会計基準諮問審議会（Federal Accounting Standards Advisory Board；FASAB）では，1993年に概念書第1号が公表され，連邦報告の内部と外部の利用者に対する説明責任を明らかにして有用な情報を提供すべく，その指針となる諸概念が設定される（par.3）。規定では，連邦財務報告の基本目的として「予算遵守」，「活動業績」，「受託責任」，「システムとコントロール」の4つが挙げられている。これをまとめたのが，表1である。

また，国際会計士連盟（International Federation of Accountants；IFAC）にお

表1　FASABが規定する政府会計の「基本目的」

予算遵守	利用者が，歳入と歳出に関する公的説明責任の履行義務が全うされたかを評価する。
活動業績	利用者が，サービスコストとサービスの成果，資金調達方式，資産・負債の管理状況を評価する。
受託責任	利用者が，政府活動・投資の国家に対する影響，その結果としての財政状態の変化および将来生じる変化を評価する。
システムとコントロール	利用者が，財務管理システムと内部管理に対するコントロールにより，資産を保全し，業績測定を支援するのに適切であったかを評価する。

出所：FASAB［1993］に基づき筆者が作成。

いて設置された基準設定機関である国際公会計基準審議会（International Public Sector Accounting Standards Board；IPSASB）が2006年に公表した国際公会計基準第1号では，政府会計の基本目的として，「資源配分についての意思決定を行い，かつ，意思決定を評価する広範囲の利用者にとって有用な，主体の財政状態，財務業績及びキャッシュ・フローについての情報を提供すること」を掲げる（par.15）。そして，意思決定に有用な情報として（a）財務資源の源泉，配分及び使途についての情報，（b）どのように資金調達し，現金必要額を満たしたかについての情報，（c）資金を調達し負債や契約額の支払を満たす主体の能力評価に有用な情報，（d）財政状態及び財政状態の変動情報，（e）サービス提供コスト，効率性及び成果の観点から業績評価に有用な情報を提供し，付託された資源について説明責任を果たすこと，を財務諸表の目的として規定する（par.15）[7]。

2. 2. 2　目的を達成する手段に含意される社会的必要性の抽出

以上により，海外の概念書および基準書で規定されている政府会計の基本目的が説明された。次には，こうした目的を達成する手段である財務諸表の表示情報において含意される，社会的必要性の内容を抽出する。

まずGASB［1987］では，基本目的として期間衡平性の概念が規定され，当該年度のサービス提供にかかわる負担につき，これを将来年度の納税者に転嫁してはならないことが示されている。そしてこの査定は，貸借対照表における負債の部と純資産の部の表示価額によって達成することができる。資産と負債の差額である純資産の価額が過去の住民負担分を表わし，負債の額が将来の住民負担分を表すため，総資本に対する負債の割合如何により，負担の衡平性の度合いが判断されるのである。

また，政府会計のフロー情報については，当該年度のサービス提供コストの総額と，税収等・移転収入を含むインフローの総額の差額（計算書のボトムラインの価額）により，当該年度における期間衡平性の査定を行うことができる。財源となるインフローは，主たる構成要素が税収および移転収入であり，当期の住民負担分を示すものである。他方，アウトフローであるコストは，政府機関のサービス提供に要した価額であり，当期の住民の受益分を示すものでもある。そしてコストが超過している場合には，将来の住民に対する負担転嫁が生じることになる。表示価額における以上のような含意を判断することにより，当該年度の活動が期間衡平性に与える影響を査定することが可能となる。

次にFASABでは，概念書において4つの基本目的が規定されるが（表1参照），本考察の対象である財務情報の表示に直接的に関連するのは，活動業績を査定する基本目的である。規定によれば，活動業績の査定の基本目的を達成するために，活動に要するコスト，コストの構成・変化，成果およびこれとコストとの関連性，資産・負債の管理の効率性と有効性につき，利用者に情報提供すべきとされる（pars.126-127）。当該規定をみると，指標（その価額，構成・変化，関連性）の要素として，コストがキーワードであることがわかる。したがって規定の文理解釈によれば，活動業績の基本目的達成の眼目が，情報利用者に対するコスト情報の提供にあるものと解される[8]。

そしてIPSASBでは，政府会計の基本目的として，上記のとおり広範な情報の提供が掲げられる。このうち，財務資源の源泉および使途の情報は純資産の変動を表示する計算書で提供され，資金調達と負債支払能力の情報は貸借対照表およびキャッシュフロー計算書，財政状態および当該変動は貸借対照表，サービス提供コストの情報は行政コストの計算書で提供される。したがって，会計の基本目的を達成するためには，情報利用者にとって有用となるような，主体の財政状態，財務業績，およびキャッシュ・フローについての情報提供が必要となる。

こうして，FASABとIPSASBが規定する政府会計の基本目的を概観すると，表示に対する社会的必要性の内容として認められるのは，サービス提供のためのコストの情報である。わが国でも，総務省『地方公共団体の総合的な財務分析に関する調査研究会報告書』(2001) によってフロー計算書の基準が規定され，「把握したコストでどのような行政活動が展開され，この結果どのような効果上げられたかを評価することができれば（中略），行政活動の効率性を検討することができる」[9]と説明される。企業会計において，コストの価額は損益計算の一要素であるが，政府会計においては，収入が活動努力と対応関係をもたないため，サービス提供に要したコストが業績を示す第一義の提供情報になると考えられる。

したがって以上より，会計の基本目的を達成する手段である財務諸表の表示に含意されるべき社会的必要性の内容として，①ストックおよびフローの計算書によって期間衡平性を査定すること，②コストの計算書によってサービス提供努力を評価すること，の2点が明らかとなる。

3. 社会的必要性の未充足に起因する問題の提起

以上の論考により，企業会計との統一化を指向した政府会計の制度設計のため，目的論的関連概念を援用し，制度に対する社会的必要性の内容が明らかにされた。これにより，社会が政府会計に対し要請する事項の現行における未充足部分が顕在化でき，現行制度（目的論的関連における手段）に内在する問題として提起できる。そして，当該問題点を特定の社会科学的研究方法に基づいて考察することで，適正な制度設計を達成することが可能となる。本節では，政府会計の基本目的から演繹されかつ社会的必要性を附帯する，期間衡平性およびサービス提供努力の査定の機能につき，未充足となっている現状から生じうる問題点を提起する。

3．1　連携構造の複雑さに起因する社会的必要性の未充足

政府会計の基本目的から演繹的に導出され，かつ社会的必要性を附帯する，期間衡平性およびサービス提供努力の査定について，これを達成する主要な手段である会計規制につき，総務省が『統一的な基準による地方公会計マニュアル』(2015) を公表している。そしてここでは，貸借対照表や行政コスト計算書など財務諸表の表示様式が規定されている。

会計の基本目的である期間衡平性の査定については，貸借対照表において，資産と負債の差額で過去の住民負担分を把握し，負債の額で将来の住民負担分を把握することで達成される。より具体的にいえば，総資本額に対し将来に転嫁される住民負担額の割合を計算することにより，期間衡平性の度合やその経年推移を査定することができる。

また，総務省が規定するフロー計算書では，コストの内訳要素と収益（税収等および移転収入は除外）が行政コスト計算書で対応的に表示されるため，サービス提供努力を評価することができる。そして，当該計算書のボトムラインである純行政コストが，純資産変動計算書と連携して表示され[10]，当該ボトムラインである当期純資産変動額によって，当期の期間衡平性を査定することができる[11]。

他方，東京都が公表する『東京都の新たな公会計制度解説書』(2008) で規定される行政コスト計算書においても，住民へのサービスに供されたコストの内訳要素が表示される。さらに，当該規定ではインフローに税収等が含まれるため，ボトムラインが収支差額（固定資産形成のための支出は含まない）となり，期間衡平性の査定ができる情報となる。即ち，ボトムラインがマイナス値（アウトフロー超過）となれば，将来に負担が転嫁される事態が生じたことを把握できる。こうして，東京都の行政コスト計算書では，サービス提供努力，および期間衡平性を査定することが可能となる。

ここで，総務省と東京都の規定には重要な相違点が存在し，それは，フロー

計算書における税収等の表示の有無である。総務省の行政コスト計算書には税収等が表示されず，したがってボトムラインは，財源措置を要する純行政コストの価額である。そして当該事項に起因して，社会的必要性を附帯する期間衡平性査定の未充足懸念事項が顕在化する。即ち，2つのフロー計算書が設定されることで連携構造が存在する所となり，期間衡平性の査定に専門的知識が必要となるのである。

総務省の規定の連携構造は，図1において概要が示されている。行政コスト計算書のボトムラインは，行政コストから受益者負担（政府にとっては収益）を差引いた財政措置を要する価額であり，これ自体に期間衡平性査定の機能は具備されていない。そして，これを純資産変動計算書に振替えることで，双方の計算書が連携する。名目勘定である純行政コストにつき，その実体勘定は現金等であり，価額はつねにマイナスであるため，純資産の減少をもたらす要因になる。そこで当該項目は，振替によって純資産変動計算書のアウトフロー区分に転記され，財源使途の要素となる。

図1　行政コスト計算書と純資産変動計算書の連携

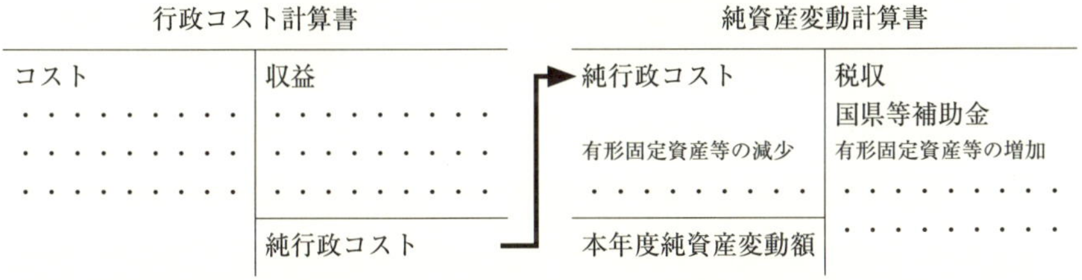

行政コスト計算書

コスト	収益
・・・・・・・・・	・・・・・・・・・
・・・・・・・・・	・・・・・・・・・
・・・・・・・・・	・・・・・・・・・
	純行政コスト

純資産変動計算書

純行政コスト	税収 国県等補助金
有形固定資産等の減少	有形固定資産等の増加
・・・・・・・・・	・・・・・・・・・
本年度純資産変動額	・・・・・・・・・

亀井孝文教授は，純資産変動計算書を処分・蓄積勘定の集積と捉え，純行政コスト，税収および移転収支，資産形成にかかわる収支の3分類により構成するものと分析する[12]。企業会計にいう費用収益対応の原則が成立する取引は損益勘定に計上して行政コスト計算書に誘導され，その収支尻および税収等を損益外取引とし，さらに資産形成の収支を資本取引として，処分・蓄積勘定の集合勘定としての純資産変動計算書に誘導する計算構造である[13]。

これに対し，東京都の行政コスト計算書では，税収等の価額も表示に含まれるため，ワンステートメントであっても，ボトムラインに期間衡平性の査定機能が具備される。したがって，総務省の基準のように，複雑な連携構造が内在する2つのフロー計算書を設定するよりも，東京都のようにワンステートメントとする方が，社会的必要性を一層充足した表示となり，会計の基本目的達成が容易になると考えられる。

財務諸表を簡易な表示にすべきとする見解は，GASBやIPSASBの規定において確認できる。GASB［1987］では，「財務報告書における情報は，可能なかぎり簡潔に表現されるべきである。」（par.63）としている。またIPSASB［2006］では，「利用者が，通常その意味を理解できると考えられる時，情報は理解可能となる。」（Appendix B）と考えている。総務省［2015］のように2つのフロー情報が存在する場合（資金収支計算書は除く），なぜそれが分けられたか，各々の表示要素の特質は何であるか，2つのボトムトムラインの含意は何か，どのような計算構造により2つが連携しているのかなど，理解すべき事項が多岐に渡ってしまうのである。

したがって以上より，政府会計の基本目的から演繹的に導出されかつ社会的必要性を附帯する，期間衡平性の査定について，連携構造が複雑で理解が困難となることが，未充足事項として問題提起される。

3. 2　コストの区分別表示によるサービス提供努力評価能力の減衰

またもう一つの，社会的必要性に対する未充足懸念事項は，フロー計算書において，コストを区分別に表示した場合に，全体的なサービス提供努力の評価が困難となることである。具体的には，東京都が規定する行政コスト計算書にみられるような，コストの分割表示に対する懸念である。

東京都［2008］が規定する行政コスト計算書では，まず「通常収支」と「特別収支」に区分され，通常収支が「行政収支」と「金融収支」に区分される。そして各区分のなかで収益（税収等を含む）と費用が対応的に表示され，計算書のボトムラインとして当期収支差額が表示される。したがって当該区分は，企業会計の損益計算書における，営業損益・営業外損益・特別損益の内訳要素の区分と同様である。その概要は，図2で示されるとおりである。

図2　東京都行政コスト計算書の表示様式（概略）

通常収支の部
　Ⅰ　行政収支の部
　　1　行政収入
　　2　行政費用
　Ⅱ　金融収支の部
　　1　金融収入
　　2　金融費用

通常収支差額

特別収支の部
　　1　特別収入
　　2　特別費用

当期収支差額

こうした表示様式の場合，コストが一括で表示されないため，サービス提供努力の評価能力が減衰する可能性がある。企業会計であれば，各区分のボトムラインである営業利益・経常利益・税引前当期純利益のそれぞれが，投資者の意思決定に重要な役割を果たす。しかし政府会計における活動業績の基本目的とは，FASAB [1993] によれば，行政活動（プログラム）に要するコスト，および成果との関連性を査定することである（2.2.2で説明）。かかる目的の達成においては，金融収支や特別収支の区分化は特段に要請されない可能性がある。

したがって以上より，政府会計の基本目的から演繹的に導出されかつ社会的必要性を附帯する，サービス提供努力の評価機能について，コストが3区分に分かれて表示されるためその能力が減衰する可能性があることを，未充足事項として問題提起することができる。

4. 提起された問題に対する目標仮説の設定

以上の考察により，会計の基本目的を達成する手段である財務諸表の表示に含意されるべき，社会的必要性としての期間衡平性査定の未充足懸念として，計算書間の連携構造の理解困難性の問題が指摘された。そして，行政コスト計算書と純資産変動計算書のツーステートメント体系であることが，理解困難の淵源として問題提起された。次に，社会的必要性としてのサービス提供努力の評価機能につき，企業会計と同様に3区分にコストを分割して表示すれば，コストが一括で表示されず，情報利用者にとって総括的なサービス提供努力の評価ができないことが，問題として提起された。

このようにして，制度設計における問題を顕在化できたため，次には当該考察と適正な結論導出へプロセスを進めることができる。この具体的な方法論は，徳賀芳弘教授の一連の研究によって確立されている。徳賀［2012a］によれば，会計研究においては，問題点に対する「当為」（いかにあるべきか）と当該根拠の提示が重視され，これらの正当性を示すために「目標仮説」が設定される[14]。そして次のプロセスとして，①目標仮説から経験に頼らず特定の理論から演繹的な推論のみで論理的に必然的な結論に到達しようとする規範演繹的研究と，②目標仮説と帰納的に観察された事実との乖離の大きさを指摘してその解決策を提示する規範帰納的研究の，いずれかによって必然的な結論（会計の普遍的な説明）が導出される[15]。

本考察においては，その目途が政府会計の財務諸表・表示における企業会計との統一化にある。そして当該目途に対する結論導出のためには，海外で既に規制・施行されているGASB，FASAB，IPSASBなどの諸概念・会計基準を援用することができる。そこで，特定の通説的理論を内包する当該諸規定から個別的結論を導出する研究方法である演繹的推論によって，必然的結論に到達することが可能になると考えられる[16]。

そして，目標仮説はその一部に当為を含んでおり，当為とその根拠を含意するのが「規範」である[17]。したがって，目標仮説には必ず当為が内包され，かつそこには根拠が存在するため（学術研究において根拠のない当為は設定すべきでない），当該根拠が正当であることを特定の理論から演繹的に推論することが，規範演繹的研究の眼目といえる。そこで以下では，提起された上記の問題に対する当為とその根拠を明らかにして，目標仮説を設定していく。

最初に提起された問題とは，純資産変動計算書を設定することで，フロー計算書がツーステートメントになり連携構造が複雑となることである。総務省［2015］の規定では，行政コスト計算書の差額（ボトムライン）である純行政コストを純資産変動計算書と連携させ，これを含めた全ての純資産変動の内訳要素が表示され，ボトムラインとなる当期純資産変動額により期間衡平性が査定される。この様に2つのフロー計算書が存在する場合，情報利用者は，表示の連携構造および各ボトムラインの会計理論的含意を理解しなければならず，貸借対照表における負債と純資産の比率の算定のように，直接的な期間衡平性査定ができない。そこで，純資産変動計算書を廃止しフロー計算書をワンステートメントとしても，期間衡平性の査定が達成できるならば，社会的必要性を充足する表示が維持される。そして当該達成のためには，計算書のボトムラインを，税収等を含むインフローとコストの差額とする必要がある。この場合，コストと対応させた表示様式となるため，実質的には税収等を収益に見立てることになる。すべてのフロー情報をワンステートメントで表示することは，企業会計との基準の統一化に沿ったものでもある。

次に，サービス提供努力の評価につき，当該機能をフロー計算書に具備させるには，前節（3.2）の考察から，東京都［2008］のような3区分となるフロー計算書とは違った表示基準を設定すべきと考えられる。東京都の行政コスト計算書は企業会計の損益計算書と表示基準が同様であるが，そこでは費用が，営業損益・経常損益・特別損益に峻別されて表示される。各区分では，本業の費用，支払利息などの営業外費用，および特別損失のそれぞれが収益と対応している。

しかしこの様な表示基準にすると，総括的な費用の内訳要素把握ができず，社会的必要性が充足されない可能性がある。企業会計では，周知のとおり，各区分のボトムラインである営業利益・経常利益・税引前当期純利益のそれぞれが投資者の意思決定に有用な情報となるが，政府会計では，行政収支・金融収支・特別収支の個々の評価が，住民に対するサービス提供努力の総括的な評価よりも有用になるとは限らない。他方で総務省やIPSASBのフロー計算書のように，すべてのコストがまとめて表示されていれば，情報利用者による，サービス提供努力の評価が容易になる可能性がある。したがって，企業会計との表示基準統一化に対しては退くことになるが，コストを一括表示する方が，政府会計の目的に一層適ったものになると考えられる。

したがって以上より，提起された問題に対する当為として，ワンステートメント方式とすること，およびすべてのコストをまとめて表示することの2点がが提示される。当該根拠は，ツーステートメント方式にすると複雑な連携構造で理解が難しくなること，およびコストを区分表示すると総括的なサービス提供努力の評価ができないことである。そこで以上から，次のような目標仮説を設定することができる。

（目標仮説）

フロー計算書（ワンステートメント）において，コストの内訳要素を一括で表示し，最終ボトムラインで税収等を含む収益とコストの差額を表示することにより，政府会計の基本目的である，期間衡平性とサービス提供努力の査定を達成することができる。

5. 目標仮説に対する妥当性の検証

こうして設定された目標仮説に基づき，政府会計・フロー計算書の表示基準を新たに措定する場合に，検証を要するのは，ワンステートメントのフロー計算書によって期間衡平性を査定することの妥当性と，フロー計算書においてコストを一括表示してサービス提供努力を評価することの妥当性である。そこで以下では，目標仮説検証の主たる方法である規範演繹的考察（第4節で説明）によって2つの点の妥当性を検証する。演繹的考察，即ち通説的会計理論，諸概念・基準，および先行研究に基づく推論により，目標仮説が必然的結論となるかの検証を進めていく。

5. 1　フロー計算書をワンステートメントとし税収を表示する妥当性

上記で最初に提起された問題は，2つのフロー計算書の設定により連携構造が存在することになり，情報利用者にとって理解が困難となる懸念が生じることである。

総務省［2015］の規定では，行政コスト計算書のボトムラインとなる「純行政コスト」が純資産変動計算書と連携する構造であり，当該価額は実体（勘定）である現金の減額を表すため，純資産変動計算書において「財源」の控除項目となる。そして，同計算書のボトムラインである「本年度純資産変動額」が，期間衡平性の査定に資する情報となる。しかしこのように，フロー情報の表示をツーステートメントで行えば，情報利用者は，計算書間の連携構造および2つのボトムラインの理論的含意を理解しなければならない。こうした問題から，代替案となる目標仮説として，ワンステートメントのフロー計算書により期間衡平性を査定することが提示され，そのため，税収等を収益として表示に含むべきであることが示された。そこで，①フロー情報をワンステートメントとすること，②税収等を収益としてそこで表示すること，の妥当性を規範演繹的考察によって検証する。

フロー情報を，行政コスト計算書と純資産変動計算書のツーステートメントとする場合，後者の表示要素は，収益（税収等を含まない）とコストの差額である純行政コスト，固定資産の増減額，資産評価差額が主なものである。したがって，積極的数値と消極的数値の差額であるボトムラインは，貸借対照表に誘導された経済的実質に対する名目勘定の当期変動差額を表す。そしてこれが，当該年度における期間衡平性の査定に資する情報となる。

これに対し，東京都［2008］の行政コスト計算書では，税収等を含む行政活動の収入と行政コストとが表示の構成要素であり，ボトムラインは，固定資産形成のための支出を含まない，収入と費用の差額である。またIPSASB［2006］が規定する財務業績計算書でも，東京都と同様の表示様式が設定されている。当該ボトムラインの機能は，年度における経常的な行政活動に対する期間衡平性の査定を行うことである。

ここで，ワンステートメント方式である東京都の行政コスト計算書において，収入からコストを差引く計算・表示規定に着目する必要がある。なぜなら，企業会計においては，費用と対応するのは収益であり，収入と費用が対応する計算処理および表示は行われない。この点について見れば，総務省の行政コスト計算書の方が，企業会計の通説的理論に則した表示規定となっている。しかし，税収等を収益と見なすこととすれば，東京都の行政コスト計算書のように，ワンステートメント方式でかつボトムライン価額によって期間衡平性を査定することが可能となる。

税収が収益であるか否かには論争があり，桜内［2004］では，政府会計において税収等を収益とする所説が紹介され，これに対する反論と併せて説明されている。それらの内容を要約すると，表2のとおりである。

表2　税収収益説の論拠とそれへの反論

	税収収益説の論拠	収益説への反論
①	税は，強制的に徴収されるため，納税者の持分とはならず，したがって収益とみなされる。	税は強制力を持つため持分的性質をもたないということが，収益説を正当化することにはならない。
②	税は，その配分が政府の裁量に属し，納税者に持分権はないため，収益とみなされる。	税の配分は政府のガバナンス・レベルの意思決定に属し，政府の実質的所有者は納税者であるため，税収を持分と考えることができる。
③	税は，払戻や譲渡ができないため，納税者の持分とはならず，したがって収益とみなされる。	法的に，払戻や譲渡が，持分権の備えるべき要素というわけではない。

出所：桜内［2004］，112-115頁を筆者がまとめた。

表より，税収収益説の基底に存在する論理は，税収等が支払人である納税者に持分権をもたらすものではなく，持分でないとすれば収益と見なす，もしくは見なさざるをえないというものである。また，これに対する反論の要諦は，税収が会計上の持分としての特質を備えていないことが，収益性を是認する論拠とはならないというものである。この議論は，税収が企業会計理論上の持分に該当しないために収益に見立てるという消極的理由に依拠した収益説の立場と，当該点のみに焦点を当てた反論展開が特徴的である。

他方で，税収等をサービス提供活動のマネジメントの対象と考え，収益もしくはこれと近似する概念とみなすことも可能と考えられる。つまり，収益概念の拡張である。この点につき，収益説に反対の立場をとる所説では，政府会計における税金のインフローおよびアウトフローが政府のガバナンス・レベルの意思決定の対象となるものであり，マネジメント・レベルの意思決定の対象とはならないことが論拠に据えられている[18]。そして，損益勘定のなかに，政府のガバナンス・レベルの意思決定の要素である税収が混在することを問題視している[19]。

しかし，税収がマネジメントにおける意思決定の要素とならないとする点については，必ずしもそうとはいえない。サービス提供を中心とする行政活動に対しては，保有財源を限度とする歳出運営への社会的要請があり，この点からは，政府を，プリンシパルでなくエージェントの一面を備えた機関と見なすことができる。GASB［1987］によれば，アメリカにおける政府関連法規では，均衡予算の達成が第一義に要求され，財政危機を回避して「自らの財力の範囲内でやっていく」[20]ことが可能な歳入歳出運営が要求される。そして，サービス提供のためのコストにつき，これと対応する財源の主たるものが税収等であるため，均衡予算達成のマネジメントにおいて，当該インフローとコストとを対応付けた会計のしくみ（計算および表示基準）を設定するのは合理的といえる。そしてかかる合理性に依拠すれば，税収等を収益とみなすことが妥当と考えられる。

こうして，税収等を収益に含めてワンステートメント方式を採った場合（東京都の基準がこれに該当），次に考察をすべき点は，総務省と比較した東京都の基準では，固定資産の当期増減額がフロー情報として捕捉できないことである。総務省の純資産変動計算書において表示される固定資産形成のための支出は，コストでないものの当期のアウトフローに変わりはない。したがって，損益的計算に基軸を置くワンステートメン方式では，当該変動額が表示されないというデメリットが生じる。そして，公債による調達が多ければ期間衡平性に影響を及ぼすことになるが，これを把握することができない[21]。

ただし，固定資産や公債などの実体価額は貸借対照表に誘導され，最終的に純資産の当期残高に反映されるため，これが，フロー計算書による期間衡平性査定の代替手段となる。即ち，長期的な期間衡平性の査定が，貸借対照表によって達成できるのである（貸借対照表の当該査定機能は2.2.1参照）。当年度の純資産変動に起因した，将来負担への影響を把握することはできないが，貸借対照表によって長期的な期間衡平性の査定は可能となる。そもそも期間衡平性概念は，将来における住民負担の状況を査定する概念であり（2.2.1参照），貸借対照表による当該査定の方が，フロー計算書による査定よりも本義に近いものといえる。

以上より規範演繹的考察の結論として，財務諸表体系を企業会計と同様の貸借対照表およびフロー計算書（活動業績の計算書）とし，純資産変動計算書を除外もしくは補助的位置付けとすることによって，会計の基本目的である期間衡平性の査定を達成しつつ，情報利用者にとって理解が容易な表示基準とすることが可能となる。したがって，目標仮説に示されたとおり，フロー計算書をワンステートメントとし，税収等を含めたインフローとコストとの差額をボトムラインとすることが，妥当な表示基準であると結論付ける。

5.2　サービス提供努力評価のためコストを一括表示する妥当性

設定された目標仮説によれば，ワンステートメントのフロー計算書において，コストの内訳要素を一括表示することにより，政府会計の基本目的であるサービス提供努力の評価が達成される。サービス提供のための費消コストの査定とは，即ち行政活動の努力に対する業績の評価を意味する。そこで，ワンステートメントのフロー計算書を前提に，業績評価のためにコストを一括表示することの妥当性について検証する。

サービス提供努力の業績評価の対象は，人件費，物件費，移転費用（補助金等および社会保障給付）などの行政コストである。そして一般には，複数区分に分割表示するよりも一括して表示する方が，容易に全体像が把握できると考えられ，これが仮説として設定されている。こうした一括表示の様式は，総務省［2015］およびIPSASB［2006］において確認することができる。IPSASBが規定する財務業績計算書では，コストが一括表示され，収益（税収を含む）と対応的に表示される。

他方，総務省の基準は，行政コスト計算書と純資産変動計算書とが連携したツーステートメントの表示構造であるため，第3節で内在問題として提起されたとおり，情報利用者の理解に困難を伴うことが懸念される。かかる事由により，総務省［2015］の表示基準に示された様式は，検証の対象から除かれる[22]。

したがって，目標仮説に掲げたコストの一括表示方式に沿っていない基準である東京都［2008］の行政コスト計算書が，検証事例として考察対象となる。

この計算書は，企業会計と同様の，コストが3区分される表示様式である。図2で示されたように，通常収支と特別収支に大区分され，通常収支がさらに行政収支と金融収支に区分される。そして各区分において収入（東京都では収益と呼ばない）と費用が表示され，最終ボトムラインとして当期収支差額が表示される。したがって，ここでの3区分は，企業会計における営業損益（本業の損益），営業外損益（受取および支払利息など），および特別損益の3区分と同様である。

そこで本研究の到達目標である，企業会計との表示基準の統一化を優先するのであれば，区分ごとに収益と費用を表示する東京都の会計基準が妥当といえる。企業会計では，本業収益である売上高と売上原価を個別対応させ，期間コストである販売費・一般管理費を差し引いて営業利益を表示する（第1の区分）。さらに，営業外損益とその内訳要素（第2の区分），経常的には生じない特別損益とその内訳要素（第3の区分），をそれぞれ表示する。東京都の行政コスト計算書もこれと近似した，行政収支の部，金融収支の部，および特別収支の部に区分されて内訳要素が表示される。さらに当該ボトムラインは，年度における行政活動（固定資産形成のための支出は除く）の期間衡平性査定が可能な価額となる。

しかしながら，政府会計に対しては，予算内での活動（サービス提供）の説明という重要な社会的要請があり[23]，コスト（努力）と収益（成果）とを対応付けた損益計算よりも社会的必要性が高いと考えられる。収益と費用の関係につき，山本清教授は，企業における収益と費用は経済主体の生み出した成果とそれに伴う資源消費を示すが，政府における収益は，提供サービスの価値（即ちコスト）を反映した額でなく充当財源にすぎないと説明される[24]。そして，企業活動では努力に応じて成果が変動するため成果測定が意義をもつが，租税政策で付与された徴税権限を所与とした非弾力的な税収等をコストと対応させることは，自己が統制可能な範囲につき成果に責任を負うことにならないと指摘される[25]。したがって，収益とコストの対応表示を当該特質によって細分化すること（3区分化すること）の意義は，企業会計に比べて些少であると考えられる。

そこで，政府の活動業績の査定においては，サービス提供コストが，最も重要な項目といえる。アメリカでは，実施される政策単位に分割してコストと収入が表示される。GASB［1999］（基準書第34号）が規定する活動計算書（Statement of Activities）では，「プログラム」[26]ごとに，コスト，間接費，プログラム収入が表示され，差額として純費用が計算される。また，FASAB［1993］（概念書第2号）の規定でも，純コスト計算書（Statement of Net Costs）において，プログラムごとのコストと収入が表示される。そして双方とも，政府全体ではなくプログラム単位で活動業績の査定を行うべきと考えている。そこでは，コストをプログラムごとに分割（配賦）するのが主旨であり，コスト自体を，金融収支や特別収支などの特質により分割するのではない。即ちFASABおよびGASBは，コストの特質について，総括的・一義的に捉えられているものと斟酌できる。GASB［1999］で規定された活動計算書の概要は，図3で示すとおりである。

図3　GASB［1999］が規定する活動計算書の表示内容（概略）

プログラム	コスト	間接費	収入	純費用
道路事業	××,×××	××,×××	××,×××	××,×××
公共安全対策	××,×××	××,×××	××,×××	××,×××
公園整備	××,×××	××,×××	××,×××	××,×××
健康事業	××,×××	××,×××	××,×××	××,×××
教育事業	××,×××	××,×××	××,×××	××,×××
・・・・・・・・・・・				
・・・・・・・・・・・				

出所：GASB［1999］に基づき筆者が作成。

したがって以上より，3区分としてそれぞれで収益とコストの対応付けを行う表示基準よりも，財源である収益と使途であるコストとの2区分とする基準の方が，政府会計の基本目的であるサービス提供努力の評価を達成するのに妥当なフロー計算書になると考えられる。図4で示されたように，ワンステートメントとし，税収等を収益に含め（5.1で説明），すべてのコストにつき一括表示し，ボトムラインをその差額とする様式である。

図4　会計の基本目的を達成するフロー計算書の表示様式（概略）

収益（税収等を含む）	
	×××,×××
	×××,×××
コスト	
	×××,×××
	×××,×××
差額	×××,×××

こうして，コストおよび収益が各々一括表示されれば，3区分（行政収支・

金融収支・特別収支）として表示されるよりも，基本目的であるサービス提供努力の評価に適合するものとなる。そして，ボトムラインがプラスの場合に，当期のすべての活動結果が将来の住民転嫁に影響を及ぼさないと判断できるため，期間衡平性の査定にも適合する表示基準とすることができる。

6. お　わ　り　に

以上のとおり，企業会計との統一化を指向した政府会計財務諸表の表示について，目的論的関連の概念を援用した社会的必要性の内容抽出，当該未充足部分の顕在化と問題提起，問題を解消する目標仮説設定，および規範演繹的考察による仮説の妥当性検証が行われた。その結果，次のような結論が導出された。

・政府会計の財務諸表として，貸借対照表とフロー計算書を主要なものとする。
・フロー計算書において，コストと収益（税収等を含む）をそれぞれ一括で表示する。

こうして，貸借対照表とフローの計算書がそれぞれ1つずつ設定される。そして，純資産の変動を表示する計算書と資金収支を表示する計算書を補助的なものとして加え，財務諸表体系が措定される。そしてこれは，企業会計と同様のものとなる。

注

[1] そして財務会計基準審議会（Financial Accounting Standards Board；FASB）では，当該概念書の公表時点において，政府会計基準の設定を担当する別の審議会の設立がすでに予定されていた（藤井［1998］，24頁）。即ち，FASBの職務から分離されたという事実から，FASBにおける非営利組織体の会計と政府機関の会計は，一律には論じえない質的相違を内包するものと考えられる（同稿，25頁）。

[2] 日本公認会計士協会［2013］，10頁。非営利組織の統一的な会計フレームワークの構築に向けた当該報告の冒頭では，少子高齢化に伴う福祉・医療サービスの需要増，所得格差の拡大に伴う生活困窮者への支援などを問題意識に挙げ，非営利組織が，組織外部から様々な形で資源提供を受けつつ，目的達成のため活動を進めていくには，説明責任が適切に果たされる必要があることが指摘されている（同稿，i頁）。

[3] 大塚久雄教授によれば，人間には自由意思があり，そこでは社会現象の因果関係がたどりにくく，成立しうるのは，人間が目的を設定し，そのための手段を選択しつつ行動するという目的論的関連（目的－手段の関係）であることが指摘される（大塚［1981］，39頁）。自然科学のように現象の因果関連（原因－結果の関係）を追求することは，きわめて限られた範囲内においてのみ可能であり，目的論的関連の追及は，原因－結果の関連を辿っていく因果関連の追求とは，相互に本質的な関わりあいを持ちながらも，それ自体は別のものと捉えるべきと考えられる（同書，59頁）。

[4] また，大塚［1981］では，目的論的関連を含んで成り立っている社会現象に対し，因果性を使用した科学認識を成立させる方法（概念）として，「目的論的関連の因果関連への組み替え」が提唱される。社会科学の場合，自然科学のような外面的経験によって得られた規則性，法則的知識に加えて，「動機の意味理解」という手続をとることによって因果関連の認識が成立可能となる。人間の営みにおいては，どういった理由でそういう行動をするのか，その動機のもつ意味がわかるため，それによって，経験的規則性によるよりも，原因－結果の連関をたどり，将来を予測することが可能となるのである。以上の論考は，大塚［1981］，62頁を参照。

[5] 会計は，ある目的のもとに設計・構築されたシステムであり，その目的を達成するための手段として機能することが，つねに何らかの程度において期待されている（藤井［2007］，75頁）。

[6] この点につき藤井［2004a］では，「アメリカにおける基準設定の動向を抜きにして，わが国における基準設定の展開方向はもはや論じえないといっても過言ではない。」と述べられている（藤井［2004a］，90頁）。

[7] さらにIPSASB［2006］では，事業継続に必要な資源水準，事業継続によって生み出される資源及び関連するリスクと不確実性を予測するのに役立つ情報として，(a) 予算に従って資源が獲得され使用されたかを示す情報，(b) 法律上および契約上の規定に従って資源が獲得され使用されたかを示す情報，の提供を基本目的として規定している（IPSASB［2006］，par.16）。

[8] ただし，FASABにおけるコスト情報は，政府全体ではなく，プログラム活動における供給コストの金額表示が想定されている。詳しくは，宮本［2007］，63-64頁参照。

[9] 総務省［2001］，1頁。またここでは，「把握したコストでどのような行政活動が展開され，この結果どのような効果上げられたかを評価することができれば，コストを対比させることにより，行政活動の効率性を検討することができる」と説明される（同稿，2頁）。

[10] 連携とは，財務諸表間の有機的な相互関係をいい，これが保持されている場合，各々の表示項目のうち何れかが必ず同じ金額となる。そして，財務諸表の連携が保持されているということは，当該財務諸表が複式記入の発生主義会計に基づいて作成されているということを含意する。以上の点は，藤井［1998］，25頁を参照。

[11] 総務省［2015］の規定では，2つのフロー計算書を結合した様式も設定されているが，実質的には，行政コスト計算書と純資産変動計算書のツーステートメント形式と見なすことができる。

[12] 総務省［2015］で規定される当該モデルでは，税収等を国民からの拠出金として取り扱い（持分説），純資産変動計算書に誘導される。この点は，亀井［2013］，166頁参照。

[13] 純行政コストと税収および移転収支は収益的取引によるフロー計算であり，資産形成にかかわる収支は，資本的取引によるフロー計算である（亀井［2013］，166-167頁参照）。

[14] 目標仮説が妥当であれば，当為論拠の正当性が示されたことになるが，当該仮説に含まれる根拠には，普遍性および妥当性を内包しなければならない。この点は，徳賀［2012a］，2頁を参照。

[15] 徳賀［2012b］，144頁。尚，規範演繹的研究では，精度が高い演繹的推論が要求され，規範帰納的研究では，事実の観察に対する科学性の具備が必要となる（徳賀［2012a］，1頁）。

[16] 演繹的考察とは，一般的・普遍的な前提により，経験に頼らずに個別的な結論（会計の普遍的な説明）に到達させようとするものである（徳賀［2012b］，161頁）。

[17] 徳賀［2012a］，2頁。そしてこれと対をなすのが，現実の説明・分析を目的とする記述的考察である（徳賀［2012b］，161頁）。

[18] 桜内［2004］，111頁参照。即ち，税は対価を伴わない非交換性の収入であり，対外的な活動の成果として外部者との取引から生じる資源流入である収益（マネジメント・レベルの成果）から除外すべきと考えられている（同書，110頁）。

[19] 同上書，111頁。

[20] GASB［1987］，par.59. アメリカでは，19世紀から20世紀初頭にかけて歳出と地方債発行の濫用が起こり，この経験から予算制度，会計・財務報告制度，および起債制限制度が形成され，基礎的財務情報に基づいて「説明責任」を明らかにする均衡予算システムへの要請が生じた（GASB［1987］，par.81.）。そこで，財力の範囲内でやっていくことが可能な歳入歳出運営が求められた。そして，こうした均衡予算法制の趣旨が，当該年度の支出負担を将来年度の納税者に転嫁することがあってはならないという期間衡平性概念を形成せしめたのである。

[21] 東京都会計基準が規定する正味財産変動計算書では，固定資産等の増減額が表示される（東京都［2008］，76-77頁）。しかし当該計算書は，複式記入を前提とする計算処理により誘導・作成されたものではなく，貸借対照表／正味財産の部の勘定科目に対し変動要因別の価額を当てはめたものである。したがって，行政コスト計算書との連携は存在せず，表示された当該増減額を期間衡平性の査定に関連づけることは難しい。

[22] 総務省［2015］の規定では，2パターンの財務諸表体系が示されており，1つはフロー計算書をツーステートメントとし貸借対照表と資金収支計算書を加えた4表形式，もう1つは「行政コスト及び純資産変動計算書」を設定してフロー計算書をワンステートメントとした3表形式である（総務省［2014］，33頁）。ただし後者の計算書については，行政コスト計算書と純資産変動計算書を上下につなげたものであるため，実質的にはツーステートメント方式（4表形式）が継承されている。

[23] GASB［1987］，par59を参照。

[24] 山本［2003］，120頁参照。尚，ここでは政府会計のモデルとして「単一エンティティ説」を前提とし，政府自体を一つの経済主体たるエンティティとみなす。そうすると国民に対する政府全体のサービスと国民が負担した税等の額は一致し，政府全体と国民全体では対価性ある取引が行われたと考えることができる。即ちこれは，総体としての政府および総体としての国民を想定することで供給者と消費者の交換関係に帰着させることにより，企業モデルの適用の正当性を図ろうとするものである。

[25] 同上稿，122頁参照。

[26] 政策評価システムの体系のなかで，一般に「政策」は“Policy”，「施策」は“Program”，「事務事業」は“Project”と訳される。したがってここで記されているプログラムは，行政活動の最大単位である政策につき，これを複数に細分化した単位である。

結章　モデル表示基準に基づく各表示基準の調整

以上，第1章から第5章までの考察によって，企業会計との表示基準統一化を指向する非営利組織会計のモデル表示基準が明らかにされた。また，第1章(3節）において，法人形態別の財務諸表（貸借対照表・フロー計算書）の表示基準の相違点が示され，調整すべき点があらかじめ明らかにされている。それは，フロー計算書の表示基準の調整，貸借対照表／純資産の部の表示基準の調整，およびフロー計算書と貸借対照表／純資産の部の連携構造の調整，の3点であった。

そこで結章となる本章では，統一化のための「モデル会計基準の開発アプローチ」の最終段階として，モデル表示基準と各法人の表示基準との，上掲3点の調整を行う。かかる調整をつうじて，企業会計との統一化を指向した非営利組織会計の表示基準が措定される。

尚，第5章においてモデル表示基準が示された政府会計については，財源が税収であることや主たる情報利用者が住民であることなどから，他の非営利組織と峻別して統一化のアプローチをとるべきと考える。そこで，本章第4節において別途の考察・調整を行うこととする。

1. フロー計算書・表示基準の調整

第4章の考察結論によってモデル表示基準が設定されたが，これは，資産負債アプローチを前提とするものである。当該会計観に従えば，「純利益」の内訳要素とならない科目が「その他の包括利益」の区分に含まれ，ボトムラインにおいて「包括利益」が表示される。より具体的に，当期一般正味財産増減額は企業会計における純利益との共通性を有し，当期正味財産増減額は企業会計における包括利益に相当する（川村［2005］，231頁）。第4章で措定されたモデル表示基準においても，上段において損益的フローの区分，下段で資本的フローの区分が表示され，ボトムラインとして当期純資産増減額が表示される。したがって本章以下では，資産負債アプローチを前提に，当該2区分の表示基準をベンチマークとし，これと各法人会計の表示基準とが調整されることになる。

フロー計算書の内容および特質については，第1章（4.1）において詳しく説明されており，それらをまとめると次のとおりである。

・公益法人会計／正味財産増減計算書の表示基準は，最大区分が，一般正味財産増減の部および指定正味財産増減の部である。そして，それぞれの集計値が貸借対照表／正味財産の部と連携する。また，指定正味財産増減の部の内訳要素である，国庫補助金，地方公共団体補助金，民間補助金，および寄附金についても，同様に連携する連携構造である。こうして，損益的フローが一般正味財産増減の部，資本的フローが指定正味財産増減の部に表示される様式であり，資産負債アプローチを前提とする表示区分といえる。そして，本研究で設定されたモデル表示基準と一致する基準である。

・社会福祉法人会計／事業活動計算書の表示基準は，最大区分がサービス活動増減の部，サービス活動外増減の部，特別増減である（繰越活動増減差額の部は除く）。そして，基本金，国庫補助金等特別積立金，その他の積立金，次期繰越活動増減差額が，貸借対照表／純資産の部と連携する。かかる表示区分は，わが国企業会計／損益計算書とほぼ同様であり，収益費用アプローチを前提とする表示区分とみなすことができる。寄附金収益，補助金収益などその他の包括利益の区分に含まれるべき資本的フローは，経常性を具備しながらも特別増減の部（したがって非経常フローのカテゴリー）に表示される。

- NPO法人会計／活動計算書の表示基準は，最大区分が経常収益，経常費用，経常外収益，経常外費用の4区分である。そして，ボトムラインである当期正味財産増減額が，貸借対照表／正味財産の部に組入れられる。かかる表示区分および内訳要素においては，当期活動としての資本的フローおよび特別増減科目が生じないかもしくは金額的に重要とならないことが前提である。ただし，使途等が制約された寄付収入等で重要性が高い場合，当期中に受入れた資産の額は，活動計算書の指定正味財産増減の部を設定してそこに表示される。
- 学校法人会計／事業活動収支計算書の表示基準は，最大区分が教育活動収支，教育活動外収支，特別収支である。そして，基本金および翌年度繰越収支差額が，貸借対照表／純資産の部と連携する。かかる表示区分は，わが国企業会計／損益計算書とほぼ同様であり，即ち収益費用アプローチを前提とする表示区分といえる。施設設備寄附金・補助金などその他の包括利益の区分に含まれるべき資本的フローは，経常的フローでありながらも特別増減の部に表示される。

こうして，第1章（4節）で指摘されたとおり，フロー計算書の最大区分は，資本的科目と損益的科目に区分するタイプ（公益法人会計・NPO法人会計），経常科目と特別科目に区分するタイプ（社会福祉法人会計・学校法人会計）の2タイプに峻別される。そして本研究でモデル表示基準とするのは，資産負債アプローチに基づいた前者のタイプである。

両タイプの構成要素を概観すると，一般正味財産増減と経常・経常外収支，指定正味財産増減と特別収支において，構成科目が近似している。即ち，一般正味財産増減は拘束性のないフローであり，特別収支以外のフローと類似した構成である。しかし，社会福祉法人会計および学校法人会計において，特別増減の部に表示される固定資産産売却益や災害損失などは，たしかに経常的フローではないものの，資本的フローにも該当しない。他方，特別増減の部分に表示される施設設備等寄附金収益・補助金収益などは資本的フローである。即ち，社会福祉法人会計および学校法人会計のフロー計算書における特別増減の部では，資本的フローと損益的フローが混在して表示されている。

社会福祉法人会計および学校法人会計のフロー計算書の大区分（経常的な増減，経常外の増減，特別的な増減の3区分）は，収益費用アプローチを前提とした企業会計／損益計算書の区分（営業損益，営業外損益，特別損益の3区分）と同様である。そして資本的フロー（拘束性のある寄附金など）は，その他の包括利益の区分（一般に下段）に本来は表示される。それにもかかわらず，固定資産増減を除くすべての当期純資産変動額を損益的フローの区分に取り込んだため，経常的収入である施設設備等寄附金収益や補助金収益などの資本的フローを，特別増減の区分に含めたのである。

しかし，拘束性のある寄附金・補助金など全ての純資産変動額をフロー計算書に表示することは，資産負債アプローチを前提にすることを意味する。本研究では，第2章において，当該会計観を前提にすべきであることが既に示されている。そこで，非営利組織における会計の表示基準統一化を図るには，社会福祉法人会計および学校法人会計のフロー計算書をモデル表示基準と整合化させ，資本的フロー／損益的フローの2区分に項目を整理することが適切と判断される。

そして当該整理においては，損益的フローの区分で，経常増減，経常外増減および特別増減に区分されることになる。ここで新たに調整すべき点は，公益法人会計基準およびNPO法人会計基準には特別増減の区分が存在しないことである。当該表示基準では，固定資産売却損益が経常外増減の部に表示される（固定資産評価損益は指定正味財産増減の部に表示されるため問題は生じないない）。企業会計において，固定資産売却損益は非経常的特質をもつと考えられ，特別損益に分類される。したがって，統一的表示基準においては，損益的フローの区分を，経常増減，経常外増減および特別増減に3区分し，固定資産売却損益を特別増減の部に表示すべきと判断する（公益法人会計の調整）。

2. 貸借対照表／純資産の部の表示基準の調整

モデル表示基準との調整を要する別の事項は，貸借対照表／純資産の部の表示体系および科目の相違に対するものである。表示される内容については，第1章（第4節）において詳しく説明されており，以下のように要約できる。

・公益法人会計基準では，大科目として指定正味財産および一般正味財産に区分され，指定正味財産の中科目として国庫補助金，地方公共団体補助金，民間補助金，寄附金が表示される。
・社会福祉法人会計基準では，同位の表示科目として，基本金，国庫補助金等特別積立金，その他の積立金，次期繰越活動増減差額が表示される。このうち，次期繰越活動増減差額は損益的フローの留保・累計科目であり，それ以外は拘束性のある純資産である。
・NPO法人会計基準では，前期繰越正味財産および当期正味財産増減額（活動計算書のボトムライン）が表示される。ただし，使途等が制約された寄付等で重要性が高いものが存在する場合には，当該価額が指定正味財産の部に表示される。
・学校法人会計基準では，基本金（第1号から第4号）および繰越収支差額が表示される。損益的フローの累計額が繰越収支差額に表示される。

以上のような表示科目の相違が生じるのは，各法人によって，使途制限のある資本的フローの残高として把握・管理すべき表示科目が異なるためと考えられる。学校法人においては，校地・校舎を永続的に維持するための基本金が最も重要な科目である。これに対し公益法人およびNPO法人では，受取寄附金・補助金残高が第一義的に維持すべき科目とされる。また社会福祉法人は，基本金が積立てられるとともに，国庫補助金の未使用額についても明示すべき価額となる。

そこで，以上のような相違を調整するための手段として，フロー計算書における2つの区分のボトムライン，即ちモデル表示基準における2区分を，貸借対照表／純資産の部における最大表示区分に設定する方法が考えられる。モデル表示基準では資産負債アプローチが前提とされ，フロー計算書において，純利益がボトムラインとなる損益的フローの区分と，企業会計におけるその他の包括利に相当する資本的フローの区分が最大表示区分となる。そしてこれを，貸借対照表／純資産の部の最大区分として表示するのである。

より具体的にいえば，公益法人会計基準のように指定正味財産の部と一般正味財産の部を最大区分とし，指定正味財産の部の内訳としてフロー計算書からの組入科目が表示されることになる。そこで学校法人会計基準においては，表示科目である「基本金」と「次期繰越活動増減差額」が，資本的フロー／損益的フローの区分と合致する。そして社会福祉法人会計では，「指定正味財産」の下位に，基本金，国庫補助金等特別積立金，その他の積立金が表示されることになる。

3. フロー計算書と貸借対照表／純資産の部の連携構造の調整

また，本研究の考察により顕在化した，モデル表示基準と各表示基準との間で図るべき第3点目の調整点とは，フロー計算書と貸借対照表の連携構造の相違に対する調整である。相違の内容については，第1章（4節）において説明されたとおり，①フロー計算書における基本金組入額の表示位置の相違，②公益法人会計基準における純資産の部への組入科目非表示（勘定非設定）についてである。

まず，基本金組入額の表示位置の相違につき，社会福祉法人会計においては，当期活動の稼得収益と対応させて基本金組入額を科目設定・表示するのに対し，学校法人会計では，当期収支差額から基本金組入額を差し引く表示基準となっている。

かかる相違については，第1章において内容が詳しく説明されたが，ここでは表示される小計の含意にも違いが生じている。社会福祉法人会計では，基本金組入額が，当期活動の費用に擬制されたものとなっている。即ち，基本金の組入を前提として年度の活動が行われるものと解することができる。「努力」としての基本金組入による資本資産の原資確保と，「成果」としての当期の収益が対応するのである。これに対し学校法人会計は，基本金を当期年度収支差額から控除する。活動の収支差額として計算された価額が積極的数値であれば，名目資本が維持できたことになり，この一部が基本金に組入れられる。

なぜこのような相違が生じたのか。改正前の学校法人会計では，社会福祉法人会計と同じく，自己資金にあたる「帰属収入」から「基本金組入額」を差し引いて「消費収入」を算出することで，校舎整備等の財源が事前確保されていた。そしてここから「消費支出」を差し引いて，ボトムラインである収支差額を計算・表示していたのである。利益を計上したうえでの学費値上げが困難であることから，当該金額を前もって帰属収入から控除することで，ボトムラインをゼロもしくはそれに近い価額にした意図が伺える。そして新学校法人会計基準（平成25年改正）ではこの点を踏まえ，純資産への組入れを収益からではなく利益から行うことで，こうした赤字化を避止しようとしている。

ただし本研究での考察に限っていえば，この相違は問題とならない。本章第1節において，社会福祉法人会計および学校法人会計のフロー計算書をモデル表示基準と整合化させるために，資本的フロー／損益的フローの2区分に項目を整理し直すことが適切と指摘された。そして，貸借対照表／純資産の部に組み入れられる項目は，拘束性のある寄附金・補助金などであり，フロー計算書においては必ず資本的フローの区分に表示されることになる。現行の社会福祉法人会計および学校法人会計は，収益費用アプローチを前提とした表示基準であり，資本的フローは特別増減（特別収支）の区分に，損益的フローと共に表示されている。しかし，モデル表示基準では資本的フローの区分が設定されるため，必然的にここに当該組入額が表示されることになる。

次に，公益法人会計基準における純資産の部への組入科目非表示（勘定非設定）の問題については，第1章（第4節）で詳しく説明された。正味財産増減計算書／指定正味財産増減の部において，拘束性のある寄附金・補助金などの資本的フローが表示され，貸借対照表への組入科目が表示されないまま（即ち当該価額がフロー計算書で相殺されないまま），貸借対照表／正味財産の部において同科目が，指定正味財産の中項目として表示される。つまり，振替のための組入科目が表示されずに当該科目が賃借対照表に計上される構造になっている。この点については，社会福祉法人会計および学校法人会計のフロー計算書において組入科目が表示されていることから，統一化を指向するための調整事項として，同様の表示基準にすべきである。

こうして，公益法人会計，社会福祉法人会計，NPO法人会計，学校法人会計のフロー計算書は，損益的フロー／資本的フローの2区分となり，資本的フローの区分において，貸借対照表／純資産の部への組入科目が表示される基準が措定される。

4. 政府会計と企業会計の表示基準統一化の調整

概括的な観点から，政府会計が，企業会計および非営利組織会計と異なる点をみると，それは，活動の主要財源が強制的効力をもつ税収であること，主たる情報利用者が住民であること，会計の基本目的として財務的生存力査定よりも期間衡平性査定に力点が置かれることである。そこで非営利組織会計とは別に，政府会計の「モデル基準開発アプローチ」に沿って，企業会計との表示基準統一化のための調整を図っていく。

第5章において，政府会計の基本目的を達成して企業会計との統一化を指向するフロー計算書のモデル表示基準が措定された。そこでは，資産負債アプローチを前提とし，税収を含むすべてのインフローと，コストを主たる要素としかつ固定資産等形成支出を除くアウトフローの2区分表示とされる。そしてボトムラインには，当期活動に係る純資産変動の価額額が表示される（固定資産等増減が含まれないことを強調するために項目名は「差額」としている）。

したがって当該表示様式は，第3章で非営利組織会計のモデル表示基準の候補として示された「インフロー／アウトフローの2区分」とする表示基準に該当する。そして同章では，損益的フロー／資本的フローの2区分とする表示基準と，インフロー／アウトフローの2区分とする表示基準が，ともに非営利組織における財務的生存力の査定および用役提供努力・成果の査定に有用であることが示された。しかし第4章において，業績評価を主たる会計の基本目的とする場合には，将来の期間に使用される資源の取得を含む支出よりも，当期の業績のために使用された財貨・サービスの測定値である費用をインフローと対比させることが望ましいと判断され，損益的フロー／資本的フローの2区分とする表示基準がモデル表示基準に設定された。これが，企業会計との統一化を指向する非営利組織会計の表示基準となる。

これに対し，政府会計のモデル表示基準とは，インフロー／アウトフローの2区分とする表示基準であり，非営利組織会計のモデル表示基準とは一致しないことになる。かりに，税収や国県等補助金をその他の包括利益に含めて区分表示すれば，企業会計と同様の表示基準となる。しかし，税収には会計理論的収益性が具備されること，収益とコストは各々一括表示すべきであることの2点から（第5章5節にて説明），資本的フロー（その他の包括利益）を独立して区分することは適さないと判断される。かかる点から，政府会計と，企業会計および非営利組織会計との表示基準の統一化は困難であると結論付けられる。

以上のことをふまえ，わが国政府会計基準において中心的な存在である総務省と東京都が規定する表示基準に対し，第5章で設定されたモデル表示基準との調整を要する事項を明らかにする。

総務省が規定する表示基準においては，「行政コスト及び純資産変動計算書」において，経常損益が上段に表示され，下段には税収，国県等補助金，有形固定資産，貸付金・基金等の変動が表示される（行政コスト計算書を分離する様式もあるがツーステートメントとなるためここでは触れない）。そして，固定資産等形成分（当該形成に関わる貸付金および基金の増減を含む）と，それ以外の余剰分（もしくは不足分）の2つの区分が，それぞれ貸借対照表／純資産の部と連携する。これを政府会計のモデル表示基準と整合化するためには，①経常／臨時に区分されている損益的フローをインフロー／アウトフローの区分に配置し直すこと，②税収および国県等補助金をインフローの区分に含めること，③有形固定資産，貸付金・基金等の変動はフロー計算書に含めないこと，の3点の変更が必要となる。そして，貸借対照表／純資産の部の表示は，フロー計算書を経由しないインローとしての有形固定資産形成財源が表示され，それ以外の余剰分との2区分となる。つまり，フロー計算書を通さず貸借対照表／純資産の部に直入されるものと，フロー計算書のボトムラインから組み入れる価額の，2つの区分が設定されるのである。

次に，東京都基準に対する調整事項としては，第5章で詳述されたとおり，行政コスト計算書の3区分（行政収支・金融収支・特別収支）につき，イン／アウトの2区分に配置し直す必要がある。政府会計の基本目的であるサービス提供努力査定のためには，アウトフローの区分にコストを集約させて一括表示すべきである。また東京都基準では，貸借対照表／正味財産の部において，内訳を表示しない旨が規定されている。しかし，総務省基準との整合化を図るためには，有形固定資産形成に資する財源と，それ以外の余剰分との2区分とするべきと考えられる。

以上のような，モデル表示基準をベンチマークとする，総務省基準と東京都基準との調整によって，政府会計の基本目的を達成するための，統一的な表示基準を措定することができるものと判断する。

5. 研究の結論

第1章から第5章の考察により，企業会計との統一化を指向した非営利組織会計の表示基準として，次に挙げる点を踏まえたものを設定すべきであると結論付ける。

・フロー計算書を，資本的フローと損益的フローの最大区分（2区分）とし，ボトムラインを当期純資産増減額とする。さらに，損益的フローの区分において，経常増減，経常外増減および特別増減に区分する。

・フロー計算書の資本的フローの区分において，貸借対照表／純資産の部への組入科目を表示する。

・貸借対照表／純資産の部において，拘束性のある純資産の部とそれ以外とを最大区分（2区分）とし，拘束性のある純資産の部の内訳項目として，フロー計算書からの組入科目（基本金など）を表示する。

・政府会計のモデル表示基準は，インフロー／アウトフローの2区分とする基準であり，企業会計との統一化を図るためのモデル表示基準（資本的フロー／損益的フローの2区分）と合致しない。そこで，政府会計独自の統一化を指向することになり，フロー計算書をインフロー／アウトフローの2区分とし，貸借対照表／純資産の部において，有形固定資産形成等に資する財源とそれ以外の余剰分との2区分の表示にする。

参 考 文 献

Anthony,R.N. [1978], *FASB Research Report, Financial Accounting in Nonbusiness Organizations: An Exploratory Study of Conceptual Issues*, FASB.

——— [1984], *Future Direction for Financial Accounting*, Dow Jones-Irwin, 佐藤倫正訳 [1989]『アンソニー財務会計論』白桃書房。

——— [1989], *Should Business and Nonbusiness Accounting Be Different ?*, Harvard Business School Press.

——— [1995], "Commentary: The Nonprofit Accounting Mess", *Accounting Horizons*,Vol.9,No.2.

FASAB [1993], *Objectives of Federal Financial Reporting*, Statement of Federal Financing Accounting Concepts No.1, 藤井秀樹監訳 [2003]『GASB/FASAB公会計の概念フレームワーク』中央経済社。

——— [1995], *Entity and Display*, Statement of Federal Financing Accounting Concepts No.2, 藤井秀樹監訳 [2003]『GASB/FASAB公会計の概念フレームワーク』中央経済社。

FASB [1980], *Objectives of Financial Reporting by Nonbusiness Organizations*, Statement of Financial Accounting Concepts No.4, 平松一夫・広瀬義州訳 [1990]『FASB財務会計の諸概念』中央経済社。

——— [1985], *Elements of Financial Statements*, Statement of Financial Accounting Concepts No.6, 平松一夫・広瀬義州訳 [1990]『FASB財務会計の諸概念』中央経済社。

——— [1987], *Recognition of Depreciation by Not-for-Profit Organizations*, Statement of Financial Accounting Standards No.93.

——— [1993], *Financial Statements of Not-for-Profit Organizations*, Statement of Financial Accounting Standards No.117.

GASB [1987], *Objectives of Financial Reporting*, Concepts Statement No.1 of the Governmental Accounting Standards Board, 藤井秀樹監訳 [2003]『GASB/FASAB公会計の概念フレームワーク』中央経済社。

——— [1994], *Service Efforts and Accomplishments Reporting*, Concepts Statement No.2 of the Governmental Accounting Standards Board,藤井秀樹監訳 [2003]『GASB/FASAB公会計の概念フレームワーク』中央経済社。

——— [1999], *Basic Financial Statements – and Management's Discussion and*

Analysis- for State and Local Governments, Statement No.34 of the Governmental Accounting Standards Board.

IASB［2006］, *Expose Draft of Proposed Amendments to IAS 1 Presentation of Financial Statements: A Revised Presentation*, March 2006,IASB, 企業会計基準委員会［2006］『国際会計基準書（IAS）第1号「財務諸表の表示」改訂に関する公開草案―改訂された表示』。

IPSASB［2006］, *Presentation of Financial Statements*, Statement No.1 of the International Public Sector Accounting Standards Board.

會田義雄［1972］「『学校法人会計基準』を論評する」『会計ジャーナル』7月号。

池田亨誉［2005］「FASB 非営利会計概念フレームワークにおける組織区分の検討―GASB概念フレームワークと比較して―」『東京経大学会誌』第250号。

――――［2007］『非営利組織会計概念形成論―FASB概念フレームワークを中心に―』森山書店。

石原俊彦［2001］『地方自治体の事業評価と発生主義会計』中央経済社。

大塚成男［2012］「地方公共団体におけるコスト情報の意義」『会計検査研究』No.46。

大塚久雄［1981］『社会科学の方法』岩波新書。

加古宜士［1975］「公益法人会計の特質と計算構造」『流通経済論集』第10巻第2号。

――――［2005］「新公益法人会計基準の特徴と課題」『企業会計』第57巻第2号。

川村義則［2005］「非営利法人会計における業績報告―新公益法人会計基準を中心に―」『龍谷大学経営学論集』第45巻第3号。

亀井孝文［2004］『公会計改革論』白桃書房。

――――［2008］『公会計制度の改革』中央経済社。

――――［2013］『公会計の概念と計算構造』森山書店。

企業会計基準委員会［2009］財務諸表の表示に関する論点の整理」企業会計基準委員会。

――――［2012］「企業会計基準第25号・包括利益の表示に関する会計基準」企業会計基準委員会。

草野真樹［2014］「財務諸表における測定―公正価値測定の拡張と2つの混合測定アプローチ―」藤井秀樹編『国際財務報告の基礎概念』中央経済社。

桜井久勝［2011］『財務会計講義　第12版』中央経済社。

桜内文城［2004］『公会計―国家の意思決定とガバナンス―』NTT出版。

新日本有限責任監査法人［2009］『新公益法人会計と税務』中央経済社。

隅田一豊［2003］『公会計入門』ぎょうせい。

総務省［2001］「地方公共団体の総合的な財務分析に関する調査研究会報告書」総務省。

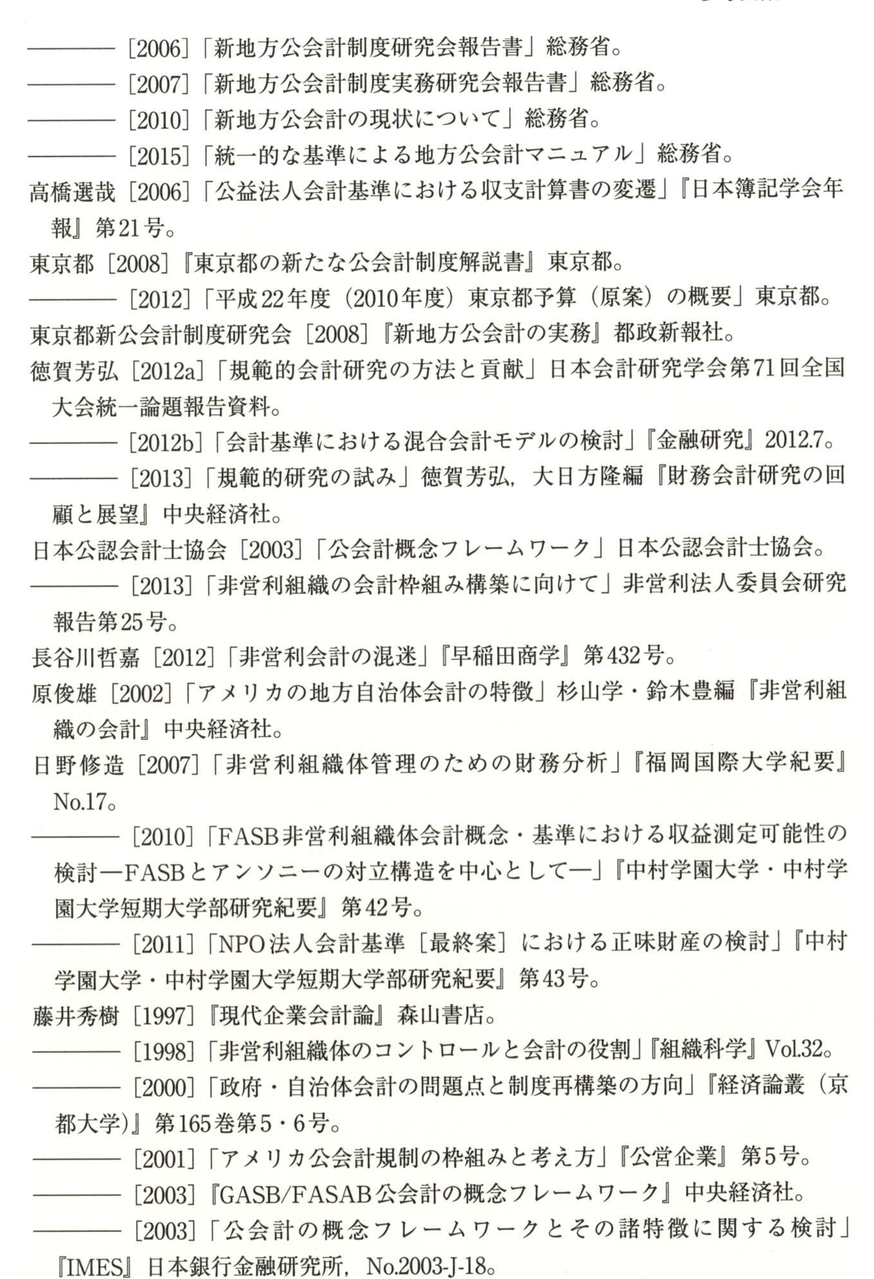

―――― [2006]「新地方公会計制度研究会報告書」総務省。
―――― [2007]「新地方公会計制度実務研究会報告書」総務省。
―――― [2010]「新地方公会計の現状について」総務省。
―――― [2015]「統一的な基準による地方公会計マニュアル」総務省。
高橋選哉 [2006]「公益法人会計基準における収支計算書の変遷」『日本簿記学会年報』第21号。
東京都 [2008]『東京都の新たな公会計制度解説書』東京都。
―――― [2012]「平成22年度（2010年度）東京都予算（原案）の概要」東京都。
東京都新公会計制度研究会 [2008]『新地方公会計の実務』都政新報社。
徳賀芳弘 [2012a]「規範的会計研究の方法と貢献」日本会計研究学会第71回全国大会統一論題報告資料。
―――― [2012b]「会計基準における混合会計モデルの検討」『金融研究』2012.7。
―――― [2013]「規範的研究の試み」徳賀芳弘，大日方隆編『財務会計研究の回顧と展望』中央経済社。
日本公認会計士協会 [2003]「公会計概念フレームワーク」日本公認会計士協会。
―――― [2013]「非営利組織の会計枠組み構築に向けて」非営利法人委員会研究報告第25号。
長谷川哲嘉 [2012]「非営利会計の混迷」『早稲田商学』第432号。
原俊雄 [2002]「アメリカの地方自治体会計の特徴」杉山学・鈴木豊編『非営利組織の会計』中央経済社。
日野修造 [2007]「非営利組織体管理のための財務分析」『福岡国際大学紀要』No.17。
―――― [2010]「FASB非営利組織体会計概念・基準における収益測定可能性の検討―FASBとアンソニーの対立構造を中心として―」『中村学園大学・中村学園大学短期大学部研究紀要』第42号。
―――― [2011]「NPO法人会計基準［最終案］における正味財産の検討」『中村学園大学・中村学園大学短期大学部研究紀要』第43号。
藤井秀樹 [1997]『現代企業会計論』森山書店。
―――― [1998]「非営利組織体のコントロールと会計の役割」『組織科学』Vol.32。
―――― [2000]「政府・自治体会計の問題点と制度再構築の方向」『経済論叢（京都大学）』第165巻第5・6号。
―――― [2001]「アメリカ公会計規制の枠組みと考え方」『公営企業』第5号。
―――― [2003]『GASB/FASAB公会計の概念フレームワーク』中央経済社。
―――― [2003]「公会計の概念フレームワークとその諸特徴に関する検討」『IMES』日本銀行金融研究所，No.2003-J-18。

――――［2004a］「アメリカにおける非営利組織会計基準の構造と問題点―R.N.アンソニーの所説を手がかりとして―」『商経学叢』第50巻第3号。
――――［2004b］「非営利組織における減価償却の要否問題と基準書第93号」『生駒経済論叢』第2巻第1号。
――――［2005］「アメリカ公会計の基礎概念」『産業経理』Vol.64 No.4.
――――［2006］「業績報告と利益概念の展開」『Kyoto University Working Paper』J-48。
――――［2007］『制度変化の会計学―会計基準のコンバージェンスを見すえて―』中央経済社。
――――［2008］「非営利組織会計の基本問題に関する再検討―寄贈資産の減価償却をめぐるR.N.アンソニーの所説に寄せて―」『商経学叢』第55巻第1号。
――――［2009］「財務会計論序説」『商経学叢』第56巻第2号。
――――［2010］「非営利法人における会計基準統一化の可能性」『非営利法人研究学会誌』VOL.12。
松葉邦敏［2004］『新公益法人会計基準』税務経理協会。
宮本幸平［2003］「自治体業績評価におけるフィードバックの諸問題」『會計』第164巻第3号。
――――［2004］『自治体の財務報告と行政評価』中央経済社。
――――［2007］『公会計複式簿記の計算構造』中央経済社。
――――［2010］「費用便益分析による政府会計情報の測定・表示」『神戸学院大学経営学論集』第7巻第1号。
――――［2012］『非営利組織会計テキスト』創成社。
――――［2014］「非営利組織会計基準に適用される会計観」『神戸学院大学経営学論集』第10巻第1・2号。
――――［2014］「企業会計との統一化を指向した政府会計の表示の妥当性考察」『公会計研究』第15巻第2号。
――――［2014］「企業会計との統一化を指向した非営利組織会計の表示妥当性考察」『非営利法人研究学会会誌』VOL.16。
――――［2014］「非営利組織会計の基準統一化の方法」『神戸学院大学経営学論集』第11巻第1号。
山本清［2001］『政府会計の改革』中央経済社。
――――［2003］「政府会計の理論的枠組みを巡る課題について―IPSASに関する検討を出発点として―」『金融研究』日本銀行金融研究所。
若林茂信［2002］「アメリカにおける非営利組織体の会計」杉山学，鈴木豊編『非営利組織体の会計』中央経済社。

〈初出一覧〉

本書は，下掲の論文等またはその一部を大幅に修正・加筆し，一部を書き下ろしてまとめたものである。

序　章　　書き下ろし。
第1章　　『神戸学院大学経営学論集』第11巻第1号。
第2章　　『神戸学院大学経営学論集』第10巻第1・2号。
第3章　　『神戸学院大学経営学論集』第10巻第1・2号。
第4章　　『非営利法人研究学会会誌』第16号。
第5章　　『公会計研究』第15巻第2号。
結　章　　書き下ろし。

〈著　者　紹　介〉

宮本　幸平（みやもと　こうへい）

1963年　神戸市生まれ。
京都大学大学院経済学研究科博士課程修了。
京都大学博士（経済学）。
2010年　神戸学院大学経営学部教授。
現在　京都大学公共政策大学院非常勤講師。
京都大学経済学部非常勤講師。
川西市上下水道事業経営審議会審議委員。
丹波市入札監視委員会審議委員。
非営利法人研究学会　公益法人会計研究委員会委員。

著書等

『企業不正支出とコーポレートガバナンス』中央経済社，2002年。
『社会生活と会計』名英図書出版協会，2002年。
『会計学』名英図書出版協会，2002年。
『GASB/FASAB公会計の概念フレームワーク』藤井秀樹監訳，
中央経済社，2003年。
『自治体の財務報告と行政評価』中央経済社，2004年。
『公会計複式簿記の計算構造』中央経済社，2007年。
『非営利組織会計テキスト』創成社，2012年。
『政策評価における公会計の機能』税務経理協会，2013年。
「企業会計との統一化を指向した政府会計の表示の妥当性考察」
『公会計研究』第15巻第2号，2014年（平成26年度国際公会計学会学会賞受賞）。

非営利組織会計基準の統一（ひえいりそしきかいけいきじゅんのとういつ）
―会計基準統一化へのアプローチ―（かいけいきじゅんとういつか）

2015年3月7日　初版第1刷発行

著　者　© 宮　本　幸　平（みやもとこうへい）
発行者　菅　田　直　文

発行所　有限会社　森山書店　東京都千代田区神田錦町 1-10林ビル（〒101-0054）
TEL 03-3293-7061 FAX 03-3293-7063　振替口座00180-9-32919

落丁・乱丁本はお取りかえ致します　印刷／製本・シナノ書籍印刷

ISBN 978-4-8394-2150-2